KB263552

이호선의
가족 상담소

이호선의
가족 상담소

이호선 지음

내가 가족을 위해서 있는 것도, 가족이 나를 위해서 있는 것도 아니다

가족 상담을 하다 보면 자주 듣는 말이 있습니다. "남보다 가족이 더 어려워요." 이 말에 공감하시나요? '참아야 하나.', '버텨야 하나.', '내가 먼저 양보해야 하나.' 가족이니까 내 마음쯤은 접어 두어야지 싶다가도, 가족이라서 참고 인내하고 버텨야 한다는 사실에 숨이 턱 막힙니다. 세상에서 가장 신뢰하고 친밀한 사람인 동시에 세상에서 가장 어려운 사람이라는 점에서 가족은 참 이상한 관계입니다. 연락이 없어 서운하다가도 막상 만나면 마음이 불편하고, 그만 보고 싶다고 생각하면서도 끊어 내지는 못합니다. 너무 가깝지도, 멀지도 않은 관계를 만들어야 상처받지 않고 함께 행복할 수 있다는 걸 알면서도 어떻게 거리를 조절해야 할지는 여전히 알 수 없죠. 원망과 미안함이 엉겨 붙어 있고, 사랑과 분노가 같이 자라는 가족 관계는 늘 어렵습니다. 나이 들수록, 시간이 흐를수록 더더욱 그렇습니다.

예전에는 가족 관계가 의무와 책임으로 맺어졌습니다. 위계가 있고, 참는 것이 미덕이고, 서운하거나 속상한 일도 '가족이니까.'라는 한마디로 덮고 지나갈 수 있었지요. 그런데 지금은 달라졌습니다. 더 이상 참고만 살지 않습니다. 가족으로부터 인정받고 싶고, 존중받고 싶고, 내 삶이 내 것이라는 감각을 놓치고 싶지 않기 때문이죠. 그 마음은 이기적인 마음이 아닌 건강한 마음입니다. 문제는 건강한 마음을 가족 안에서 꺼내는 순간, 곧바로 죄책감이 따라온다는 데 있습니다. '부모로서 더 품어 줘야 했나?', '자식으로서 불효를 저지르는 걸까?', '배우자인데 내가 너무 나만 생각하나?' 하는 죄책감이 관계를 더 꼬이게 만듭니다. 어떻게 해야 죄책감 없이 원만한 가족 관계를 이어 갈 수 있을까요?

먼저 자신을 향한 자책과 후회를 버려야 합니다. 당신이 이상한 사람이라서, 당신이 못된 사람이라서 가족 관계가 힘든 것이 아닙니다. 가족 관계는 원래 어렵습니다. 다만 어렵다고 해서 계속 아파해야 할 이유는 없습니다. 가족이라는 특수한 관계를 이해하고, 원만하게 풀어 갈 돌파구를 찾으세요. 너무 가까워서 숨 막히는 관계라면 틈을 만들고, 너무 멀어서 차가운 관계라면 온기를 조금 더 얹으세요.

가족 문제를 풀 때 사람들은 늘 사건부터 봅니다. '누가 무슨 말을 했다.', '누가 돈을 안 줬다.', '누가 연락을 끊었다.' 그런데 사건보다 중요한 건 구조입니다. 우리 가족은 어떤 분위기에서 살았는지, 누가 늘 참고 누가 늘 화를 냈는지, 누가 결정하고 누가 따라갔는지, 누가 '좋은 사람' 역할을 했는지 가족 관계의 구조를 이해해야 합니다. 그러고 나면 지금의 갈등이 왜 반복되는지, 왜 해결이 안 되는지 조금씩 보이기 시작합니다. 나무만 붙잡고 있으면 미로에서 빠져나올 수 없습니다. 숲을 봐야 길이 보입니다.

이 책은 가족이라는 숲을 같이 보자는 제안입니다. 독립과 친밀 사이에서 어디쯤 서야 하는지, 가족의 감정에 휩쓸리지 않고 나를 지키는 방법은 무엇인지, 부모와 자식, 부부라는 애증의 관계에서 어떻게 해야 덜 다치고 더 오래 갈 수 있는지에 대해 이야기하려 합니다. 가족은 바뀌지 않는다고들 말하지만 가족 관계는 얼마든지 달라질 수 있습니다. 다만 한 번에 바꾸려 하면 관계가 틀어질 수 있으니 조금씩 그러나 분명하게 바꿔야 합니다.

당신이 가족이라는 이름 아래 사라지지 않기를, 가족이라는 이름 아래 누군가를 지워 버리지도 않기를 바랍니다. 내가 가족을 위해 존재하는 것도 아니고, 가족이 나를 위해 존재하는 것도 아닙니다. 우리는 각자의 인생 속에서 우연히 가족으로 묶인 사람들입니다. 한마디로 가족은 목적이 아니라 관계인 거죠. 뜨거울 때는 데지 않게, 차가울 때는 얼지 않게 관계의 적정 온도를 찾아야 가족 관계를 원만하게 오래도록 유지할 수 있습니다. 이 책이 당신의 가족에게 완벽한 화해를 약속하진 못하지만 적어도 덜 흔들리고 덜 무너지는 방향으로 가는 나침반이 될 수 있기를 바랍니다.

목차

3장

어릴 땐 눈에 넣어도 안 아플 줄 알았지
- 자식

4장

검은 머리 파뿌리 될 때까지는 순 거짓말
- 부부

1장

나이 먹어도 어렵기만 한 가족 관계, 무엇이 문제일까?

'나이를 먹으면 가족 대하는 게 더 편안해질 줄 알았는데 어째 어려워지기만 하는 것 같다.'라고 생각한 적 있나요? 제 주변에도 이런 말을 하는 분들이 왕왕 있습니다. 옛날이라고 가족 관계가 항상 원만하게 굴러간 건 아닙니다만 최근 들어 가족 관계에 대해 고민하는 분이 세대를 불문하고 많아졌습니다. 가족 관계에 대해 고민하는 사람이 늘어난 데는 사회의 변화, 생각 구조의 변화, 가족 관계 자체의 변화 등의 원인이 있습니다.

20세기에서 21세기로 넘어오면서 사람들의 사고방식이 완전히 바뀌었습니다. 비유하자면 사람을 이루는 세포 하나조차

이호선의
가족 상담소

이전과 달라졌다고 할 수 있습니다. 경제가 성장함에 따라 생활 양식과 문화가 큰 폭으로 변화했고 그 속에서 '나'라는 개인에 대한 인식과 사회 전반에 대한 인식이 점차 바뀌었습니다. 개인에 대한 인식이 바뀌니 개인 간의 관계, 특히 가장 가까운 관계인 가족 관계에 대한 인식도 이전과는 철저히 달라질 수밖에 없죠. 20세기에는 가족 관계에서 가장 중요한 가치가 '의무'와 '책임'이었습니다. 위계 사회였고, 한 사람의 잘못에 모두가 연대 책임을 지던 시절이었기 때문입니다. 그러다 보니 의무와 책임을 제일 많이 짊어진 가장을 중심으로 가족이 함께 나아가기 위해 똘똘 뭉쳤죠. 그런 시절에는 부모가 시키면 군말 없이 말 잘 듣는 게 자식으로서 가장 큰 효도였습니다.

시간이 흐른 지금은 '독립'과 '평등'이 중요한 가치로 부상했습니다. 'MZ 세대'의 시작인 밀레니얼 세대부터 아이들 대부분이 독방을 갖게 되었습니다. '독방 세대'가 시작된 거죠. 옛날에는 방이 없는 집도 많았고 방이 있어도 아버지가 방문을 열라고 하면 열지 않을 도리가 없었습니다. 말하자면 나만을 위한 공간이 없는 게 일반적인 가정의 모습이었죠. 그런데 밀레니얼 세대는 자신만을 위한 공간을 갖게 되면서 부모로부터 독립된 존재로 자신을 인식하게 됩니다. 부모가 노크도 없이 방문을 벌컥벌컥 여는 걸 침범으로 여기기 시작한 거예요. 가족 간에 침범이라는 말을 쓴다는 건 옛날에는 상상도 하지 못한 일입니다. 가족 구성원인 어머니, 아버지, 아들, 딸을 개인으로 인식하기보다 하나의 덩어리라고 생각했기 때문입니다. 개인을 독립적인 인간으로 바라보는 밀레니얼 세대에게는 반대로 개인 간의 '평등' 또한 중요합니다. 개인 공간과 개인 시간을 부모가 침범하지 못하도록 막을 수 있는 권리이기 때문입니다. 이처럼 부모에게서 독립하여 평등을 중요하게 여기던 밀레니얼 세대가 40대에 진입한 지도 5년이 지났습니다. 이들이 사회의 주류가 되어 여론을 주도할 힘이 생겼다는 거죠.

이렇게 가족에 대한 인식이 일대 변혁을 겪다 보니 가족 문제라는 게 한없이 복잡해 보입니다. 의무와 책임, 독립과 평등 사이에서 어떤 가치를 우선해야 할지 고민하게 되죠. 문제가 복잡할수록 당장 문제를 해결하는 것보다 차근차근 되돌아보며 가장 큰 줄기부터 알아 가야 합니다. 1장에서는 가족 문제의 중심에 있는 '독립성'과 '친밀성'의 문제를 살펴보고, '과제 분리', '거리 두기', '균형 감각' 등 구체적인 해결 방법을 알아보겠습니다.

평생 독립하지 않고
부모 모시고
사실 건가요?

　가족 문제를 해결하는 데 독립성이 필요하다는 말에 "이미 가족에게서 독립해 살고 있지만, 여전히 가족 관계가 힘든데요?" 라고 답하는 분들은 '독립해서 사는 것'과 '독립성'의 차이를 모르는 겁니다. 흔히 부모님 혹은 보호자의 곁을 떠나 홀로 사는 것을 독립한다고 말하지만, 이를 온전히 독립한 상태로 착각하면 안 됩니다. 개별 주체인 가족 구성원을 가족으로 이어 주는 연결 고리는 세 가지 측면에서 존재합니다. 각각의 연결 고리를 이해하고 조율할 수 있을 때 온전한 개인으로서 독립을 이룰 수 있죠. 우선 법률적 측면에서 가족은 다른 타인보다 가까운 존재로 연결됩니다. 상속, 사망 신고, 대리 등 다양한 법적 상황과 절차에서 가족이라는 연결 고리는 강하게 작용합니다. 두 번째로 물질적, 경제적 측면에서도 가족은 강하게 연결됩니다. 부모가 자식을 양육하는 데 많은 비용과 시간, 노력이 필요하죠. 이후 자식이 부모를 부양하는 데에도 많은 비용과 시간, 노력이 필요합니다. 이는 타인과의 관계보다 더 많은 비중을 차지하죠. 이외에도 인생에 고난이 찾아왔을 때 서로 금전적인 도움을 주는 것이 타인에 비해 흔쾌히 이뤄지는 관계이자, 법률적 측면과 맞물리면서 유산 상속 등의 문제로 크게 얽히기도 하는 관계입니다. 마지막으로 정서적 측면에서 보았을 때, 가족은 타인에 비해 오랜 시간을 함께한 존재입니다. 유년 시절의 가족 관계와 경험이 성인이 된 이후에도 많은 영향을 끼치는 것을 염두에 둔다면 가족이란 오랜 시간에 걸쳐 영향을 주고받는 관계인 것이죠. 힘든 일을 토로하기도 하고, 가족에게 불행한 일이 생기면 내 일처럼 괴로워하며 서로를 위로하지만, 때로는 서로에게 가장 크고 아픈 상처를 남기기도 합니다. 이처럼 법률적, 물질적, 정서적으로 연결된 가족과의 관계에서 온전히 독립하려면 어떻게 해야 할까요?

우선 이십 대 후반이 되면 물리적, 정서적 측면에서 반드시 독립해야 합니다. 이는 단순히 집을 떠나 가족의 도움 없이 살림을 꾸리고, 가족과의 접촉을 줄이는 것만을 의미하지는 않습니다. 같은 집에서 살더라도 '개인 공간'이라고 할 수 있는 분리된 공간이 있으며 가사와 생활비를 분담한다면 부분적으로 독립한 상태라고 할 수 있습니다. 함께 살지만 다른 가족 구성원에게 의지하지 않고, 자신의 삶을 꾸릴 수 있는 능력을 마련한 것과 마찬가지이기 때문입니다. 하지만 이것만으로 완전히 독립했다고 볼 수는 없습니다. 물론 평생 돈 벌어도 집 한 채 사기 어려운 사회에서 독립하는 것은 말처럼 쉬운 일이 아닙니다. 자녀가 독립을 미루는 이유 중 하나는 부모와 함께 살며 경제적인 풍요를 누리기 위함도 있죠. 원만한 가족 관계를 위해서는 이러한 생각에서 벗어나야 합니다. 당장에는 다른 가족 구성원과 가사와 생활비를 분담하며 시간도 지갑도 더 풍족하겠지만, 이는 독립적인 주체로 성장하는 것을 방해합니다. 부모 세대가 처음 독립했을 때도 어렵기는 매한가지였습니다. '내가 너무 풍족함에 익숙했던 건 아닌가?' 다시 한번 생각해 보세요. 물론 풍족하게 살고 싶은 게 왜 문제가 되느냐고, 왜 풍족함을 포기하고 독립해야 하느냐고 되물을 순 있습니다. 그런 마음에도 동의합니다만 이렇게 말하고 싶어요. "평생 독립하지 않고 부모 모시고 사실 건가요?"

현대 한국 사회는 자식 부양 기간이 너무 길어졌습니다. 과거엔 평균적으로 이십 대 초반, 늦어도 이십 대 중반이 되면 독립했습니다. 그런데 지금은 이십 대 후반, 늦으면 삼십 대까지도 독립하지 않고 부모와 함께 사는 자녀들이 있습니다. 적나라하게 말하면 이건 자녀가 부모의 노후를 갉아먹는 겁니다. 부모 세대는 자녀가 성인이 되면 본격적으로 퇴직 이후의 삶을 준비하기 시작합니다. 그런데 자녀가 삼십 대가 될 때까지 자녀를 부양하고, 나아가 노부모까지 부양한다면 노후를 대비할 수 없습니다. 그래서 저는 부모랑 평생 같이 살면서 부양할 거 아니면 이십 대 후반에는 무조건 독립하라고 말합니다. 부모의 노후 준비를 방해하지 말라는 것이죠. 안정적이고 풍요로웠던 부모의 품에서 독립해 살다 보면 부족하고 갑갑하게 느껴지기도 합니다. 하지만 그런 지점을 채워 가면서 독립성을 길러야 건강하게 성장하고, 가족 관계를 원만하게 유지할 수 있습니다.

가족 관계를 모래알에 비유하자면 21세기의 가족 관계는 한 통 가득 들어 있는 모래알이고, 20세기의 가족 관계는 모래알과 다양한 재료를 뭉쳐 만든 콘크리트입니다. 모든 재료가 단단하게 결속되어 있지만 개별성이라곤 찾아볼 수 없죠. 결국 떨어질 수 없는 상태에서 서로의 숨통을 조이는 겁니다.

가족 구성원이 독립적인 개인이 되기 위해서는 분화도를 높여야 합니다. 분화도는 자율적이고 개별적인 경향성을 말합니다. 타인과 상호 작용할 때 흔들리지 않고, 나만의 생각과 의견을 가질 수 있는 주체성이죠. 다른 사람들과 의견이 다르더라도 자신의 의견을 피력할 수 있고, 반대로 나와 다른 의견을 가진 사람의 말을 들으며 생각을 바꿀 수 있는 능력입니다. 다양한 연결 고리로 이어진 가족과 상호 작용을 하다 보면 자신만의 의견과 생각을 내세우기 쉽지 않습니다. 하지만 모든 상황에서 자신의 의견을 굽히고 가족이 하자는 대로 한다면 건강한 가족 관계를 유지할 수 없습니다. 반대로 자신의 의견을 고집하는 것 또한 가족 관계를 파멸로 이끌죠. 때문에 분화도가 높을수록 가족 간 불화를 줄일 수 있습니다. 분화도가 높은 가족 관계에서는 문제 상황에서 가족 구성원이 서로의 의견을 존중하며 민주적으로 해결하기 위해 노력합니다. 반대로 분화도가 낮은 가족 관계에서는 한 사람의 결정에 모두가 따르며 일방적으로 의사 결정이 진행됩니다. 누군가 결정에 대해 불만을 제기할 수 없고, 제기하더라도 무시되기 십상이죠. 그러다 보니 극단적으로 편향된 판단을 내리거나 가족끼리 편을 가르며 싸우기도 합니다.

분화도를 높이기 위해서는 가족주의에서 벗어나야 합니다. 삶에서 가장 중요한 가치를 가족이라고 생각한다면 가족을 깎아내리거나 가족 내에 문제가 생기는 것을 도저히 용납할 수 없게 됩니다. 가족의 형태를 유지하기 위해 과도하게 인내하거나 강압적으로 대하며 가족 관계가 틀어지기도 하죠. 가족주의에 몰두할 경우, 자녀는 부모의 의견에 반대되는 말을 하는 데 부담을 느끼게 되고, 부모는 자녀를 강압적으로 대하며 자신 또한 스트레스를 받게 됩니다. 모두가 고통스러운 굴레에 빠지게 되죠. 게다가 가족을 위한다는 명목하에 다른 인간관계나 사회적 역할을 소홀히 한다면 가족에게서 독립하는 것은 점점 더 어려워집니다. 그러니 가족이 삶의 전부이자 목표라고 생각하기보다는 나를 이루는 하나의 요소이자 관계라고 생각해 보세요. 그러다 보면 가족과의 거리감을 넓히면서 자연스레 가족주의에서 벗어나 분화도를 높일 수 있을 겁니다.

가족에게서 독립하는 일은 아주 슬프고 고통스러운 일입니다. 하지만 친밀할수록 얽히고설킨 관계에서 벗어나 주체적인 삶을 살기 위해 노력해야 합니다. 언제까지나 가족과 함께 살 수 는 없음을 기억하세요.

독립성을 기르기 위해서는 구체적 실천이 필요합니다. 가 장 먼저 가사 분담부터 시작해 보세요. 아이를 양육하는 부모라 면 아이가 자신이 먹은 접시를 스스로 싱크대에 넣도록 가르치 세요. 독립적인 개인이라면 방 청소, 설거지, 빨래 같은 기본적인 가사를 스스로 할 줄 알아야 합니다. 집안에서도 할 수 있는 일, 맡은 역할이 없는데 독립성을 기른다는 건 어불성설입니다. 가 정에서 부여된 역할을 완수할 줄 알아야 사회에 나가서도 책임 을 회피하지 않고 한 사람 몫을 오롯이 해낼 수 있어요. 부모는 아이를 공주, 왕자로 키울 생각을 접어야 합니다. 공주, 왕자 옆 에서 부모는 무수리가 될 뿐이에요.

두 번째로 자식이든 부모든 타인을 통제하려 하지 마세요. 자식이 잘되길 바라는 마음일지라도 타인의 인생을 마음대로 계 획하고, 그 사람이 그대로 이행하길 바라는 것은 욕심입니다. 아 이는 부모의 품에서 벗어나서 친구의 손을 잡고, 연인의 어깨에 기대고, 자식의 등을 밀어 주며 성장하고 나아가야 합니다. 부모 가 손을 놓지 않고 계속 잡고 있으려는 것은 인생 규칙을 깨는 일이에요. 자녀가 독립성을 절대로 기를 수 없는 환경을 만드는 형편없는 행동이죠. 그저 부모가, 자녀가, 형제가 잘되길 바라는 마음으로 지켜보다가 상대방이 도움을 요청할 때 적절한 조언 혹은 도움을 주는 것만으로도 충분합니다.

다음으로 부모와 자녀의 경계를 분명하게 설정해야 합니다. 친구 같은 아빠, 엄마도 물론 좋습니다. 다만 그게 부모로서 선택할 역할 중 하나일 때 긍정적인 영향을 발휘한다는 것을 기억하세요. 위계 또는 경계 없이 마구잡이로 양육하면 자녀는 성장할수록 부모 머리 위에 올라앉으려 할 겁니다. 제대로 된 훈육이 어려울 뿐만 아니라 이를 바로잡지 못한 채 자녀가 성인이 되고 부모가 늙고 지치면 쩔쩔매는 부모에게 자녀가 윽박지르는 상황이 펼쳐집니다. 그러니 친구처럼 편하고 친밀한 사이가 될지라도 부모와 자식의 역할과 위계를 정확히 나누며 서로에 대한 존중을 바탕으로 자연스럽게 독립성을 길러야 합니다.

간혹 '부모가 너무 형편없어서 나를 양육하고 독립성을 길러주기는커녕 사고나 안 치면 다행이었다.'라고 생각하는 사람도 있습니다. 하지만 성인이 되었다면 부모 탓을 멈추고 자신을 돌아봐야 합니다. 심리학적으로 부모가 미치는 영향은 약 30%입니다. 유치원, 어린이집, 학교 등을 다니며 교육을 받고, 다른 친구 또는 어른과 상호 작용하며 쌓은 다양한 경험이 미치는 영향이 두 배가 넘는데, 단순히 부모 때문에 자신의 삶이 부정적으로 변했다고 말하며 피해의식에만 사로잡힐 필요가 없는 거죠. 지나간 과거는 아무리 노력해도 바꿀 수 없습니다. 그러니 통제할 수 없는 것에 얽매이지 말고 과감하게 내가 할 수 있는 걸 하고, 할 수 없는 것은 도움을 청하며 용기 있게 사세요. 가족 관계에서 독립성을 높일 수 없었다 할지라도 이후에 스스로 독립성을 높일 수 있습니다. 우리의 삶은 우리의 선택에 따라 좌우됩니다. 어릴 때 부모의 영향으로 의존적인 사람으로 자랐다고 해도 자신이 인생의 핵심 주체라는 걸 깨닫는다면 충분히 독립성을 높이고 성장할 수 있습니다. 그러니 지금부터 차근차근 독립성을 높여 보세요.

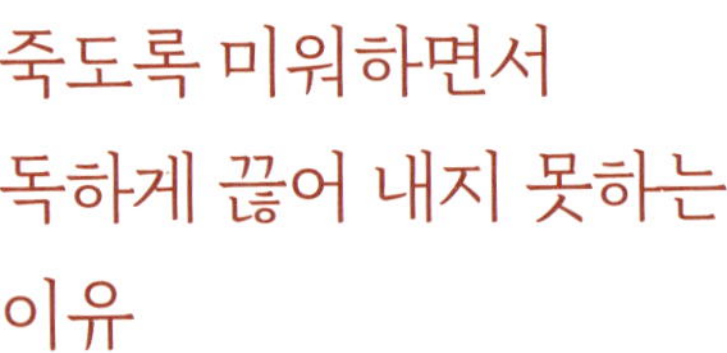

죽도록 미워하면서
독하게 끊어 내지 못하는
이유

가족 관계에서 독립성만큼이나 핵심적인 요소는 친밀성입니다. 가족끼리 가까운 사이를 유지하지 않거나 서로 무관심한건 부정적인 모습으로 받아들여지곤 합니다. 그런데 가족끼리지나치게 친밀한 것도 문제라고 생각해 보신 적 있나요? 아마 없으실 겁니다. 가족끼리 친밀하면 그만큼 화목한 가정을 이루는 것이니 좋은 것 아니냐고 생각할 수 있지만 가족 관계도 과유불급입니다. 부모의 지나친 사랑이 통제 욕구로 드러나는 경우가있는 것처럼 의도가 선해도 결과가 안 좋을 수 있습니다. 따라서가족 구성원끼리 가깝고 친밀하게 지내는 정도를 조율하는 것이 필요합니다.

　가족 관계는 개인과 개인이 연결된 '사회적 관계'입니다. 핏줄, DNA 등 여러 표현을 보태며 가족 관계를 대단히 특별하고 숭고한 관계로 여기는 건 어리석은 짓입니다. 오히려 상대가 가족이라서 상처받고 고통스러워하는 상황도 얼마든지 있기 때문이죠. 현대 가족의 특징 중 하나는 가족 관계가 이전만큼 견고하지 않으며 구성원들이 서로 등지는 관계가 될 수도 있다는 겁니다. 이전 세대보다 가족 간의 친밀성이 줄어들면서 사람들은 타인과의 끈끈한 관계에 대한 갈증을 느끼죠. 문제는 이 갈증의 정도와 타이밍이 가족과 맞지 않을 때 가족 관계에 금이 가기 시작한다는 겁니다. 가족과 더욱 친밀해지고 싶은데 가족이 나를 밀어내거나 다가가기조차 어렵다고 느껴지는 순간을 떠올려 보세요. '나는 가족과 함께 있어도 고독하다.', '가족의 기쁨이 내 기쁨은 아니다.'라거나 '내 가족이 가족 같지 않고 오히려 가장 힘들고 어려운 시기에 멀어지기도 하더라.'라고 생각하게 되죠.

　친밀성이 낮거나, 친밀성에 대한 기준이 서로 다를 경우 가족 관계는 마치 시소를 타는 것처럼 엇갈리게 됩니다. 시소를 떠올려 보세요. 누군가가 내려가야만 반대편에 앉은 사람이 올라

가죠? 그렇게 서로 순서를 바꿔 가며 감정이 엇갈리는 관계가 되는 것입니다. 시소에 함께 타 있지만, 함께 하늘로 올라가며 기뻐할 수 없고, 내가 올라가려면 상대방이 저 아래로 내려가야만 하는 관계에서는 필연적으로 외로움을 느끼게 합니다. 친밀성을 전혀 찾아볼 수 없죠.

반대로 친밀성이 너무 높다면 가족 구성원 모두가 마치 한 사람인 것처럼 한 덩어리로 밀착됩니다. 가족이 모든 관계 중 가장 우선인 데다, 좋은 건 가족이랑만 같이 한다는 조건을 전제하니 자유가 없고 숨이 막히는 관계죠. 이러한 가족 관계는 피부를 떠올리며 친밀성을 조율해야 합니다. 로션이나 크림 같은 윤활제 없이 피부를 계속 문지르면 어떻게 될까요? 피부가 벗겨지면서 피가 납니다. 벗겨질 때도 아프지만 벗겨진 이후에 제대로 치료하지 않는다면 상처가 아물지 못하고 진물만 계속 흐르겠죠. 가족 관계도 마찬가지입니다. 친밀성이 지나치게 높아 오랜 시간 마치 한 사람인 것처럼 붙어 있다 보면 관계에 상처가 나고 진물이 흐릅니다. 게다가 친밀한 상태를 오랫동안 유지했기에 자력으로 멀어지기도 힘들죠. 오히려 누군가가 멀어지려 하면 배신감을 느끼며 '어떻게 네가 가족한테 그럴 수가 있냐?'라는 식으로 마치 가족에게 범죄라도 저지른 것처럼 비난합니다. 그럼에도 가족 관계가 완전히 파탄 나지 않는 이유는 관계의 살갗이 다 벗겨지고 진물이 나는데도 관계를 유지하도록 위에서 꽉 짓누르는 사람이 있기 때문입니다.

혹시 가족들이 서로 가깝게 지내고 너무 친해서 비밀이랄 게 없나요? 그렇다면 가족 관계를 바꿔야 합니다. 앞서 언급한 바와 같이 가족도 결국 '사회적 관계'입니다. 사적 공간과 사생활 없이 모든 걸 공유하는 관계가 과연 건강할까요? 그건 일종의 강박입니다. 사생활을 '비밀', '감추는 것'이라고 칭하면서 순수하고 깨끗한 관계에는 비밀 같은 게 없어야 한다고 여기는 병리적인 상태인 거죠. 관계에 깊이 몰입해 있다면 상처가 도통 낫질 않아 진물이 흐르더라도 전혀 알아차리지 못합니다. 이처럼 친밀성이 높은 가족이 맞닥뜨리는 가장 큰 문제는 다른 사회적 관계를 맺을 때 발생합니다. 예를 들어 자녀가 부모와 적절하게 분리되어 자아를 인식하고 성장해야 할 시점에 부모와 자신의 정체성을 분리하지 않으면 부모가 자식을 모시고 살면서 쩔쩔매거나 자식이 부모 기에 눌려서 어정쩡한 상태로 융합됩니다. 가장 처음 맺는 관계부터 이렇게 삐걱거리니 성공적으로 다른 관계를 맺기가 결코 쉽지 않습니다.

　친밀성을 조절하기 위해서는 '가족 신화'에서 벗어나야 합니다. 가족 신화란 '가족이라면 응당 이래야 해.'라고 믿는 이상적인 가족의 모습을 말합니다. 서로 상처를 주고받으며 뭉개지면서도 떨어지지 못하는 가족은 대개 가족 신화를 가지고 있습니다. 이상적인 가족의 모습이 되기 위해 가족들을 끼워 맞추다 보면 의사소통은 불합리한 방식으로 흘러갑니다. '가족이라면 무조건 서로를 돌봐야지.', '가족이라면 무조건 말 잘 들어야지.' 같은 생각 또한 가족 신화입니다. 왜 가족이라고 무조건 서로를 돌봐야 하죠? 가족이라고 무조건 희생해야 하나요? 가족이기에 특별히 신경 쓰고, 흔쾌히 도움을 줄 수는 있지만 '무조건적 책임'을 당연하게 요구할 수는 없습니다. 하지만 가족 신화는 가족을 챙기며 가족을 위해 희생하는 것을 평생의 과업으로 여기도록 만들죠.

　가족 신화는 이를 강화하고 강제하려고 하는, 권력을 행사하는 사람을 통해 견고해집니다. 보통은 부모가 그린 가족 신화에 자녀들이 끼워 맞춰지게 됩니다. 자녀가 어렸을 때부터 지속적으로 생각을 주입하며 가스라이팅 하는 거죠. 가스라이팅은 상대방을 고립시켜 스스로를 의심하게 하고, 자신이 원하는 대로 행동하도록 세뇌하는 것을 말합니다. 부모가 자녀에게 가족 신화를 세뇌하는 것도 가스라이팅의 일종입니다. 어릴 때부터 '독립하는 건 부모를 버리는 일이야.', '혼자 잘 살겠다고 독립하는 건 큰 잘못이야.'라는 말을 듣고 자란 자녀는 가족을 위해 무언가를 포기하는 순간을 겪게 됩니다. 결국 가족 관계를 우선순위로 생각하며 챙기느라 사회적으로 고립되거나 자신의 꿈을 향해 달려가지 못하는 경우도 생기죠.

문제는 가족 신화를 세뇌하는 과정을 가스라이팅이라고 느끼지 못하기도 한다는 겁니다. 자녀뿐만 아니라 부모 또한 자신의 불안을 해소하기 위해서 자녀를 붙잡고 놓아주지 않으면서 자녀가 잘되기를 바라서 그러는 거라고 본인까지 속이기도 하죠. 이런 상황에 처한 자녀 입장이라면 용기가 필요합니다. 어머니 혹은 아버지가 너무 강력한 가족 신화를 가지고 있거나, 본인이 가족 신화를 가지고 있다는 사실조차 인지하지 못한 채 가족을 학대에 가깝게 짓누르고 있다면 유일한 해법은 집을 나오는 것입니다. 익숙한 환경을 떠날 용기가 있다면 가족 신화로 인해 일그러진 가족, 구겨진 종이처럼 상처 입은 가족에서 벗어나 삶을 해방시킬 수 있습니다.

　인생은 마치 슬라임과 같습니다. 형태가 정해져 있지 않고, 틀에 따라 모양이 변하죠. 가족은 인생 최초의 거푸집이지만 우리는 그 모양대로만 살지 않아도 됩니다. 인생이 쇳물이었다면 첫 거푸집 모양대로 굳으니 살아가며 마주하는 다른 거푸집에는 들어갈 수 없어요. 거푸집에 맞춰 자기 자신을 무참하게 깎아내거나 거푸집을 망가뜨리지 않고는 어렵습니다. 하지만 인생은 슬라임과 같기에 어떤 거푸집을 선택하느냐에 따라 얼마든지 변화할 수 있습니다. 그러니 두려움을 꺾고 용기 있게 행동하세요.

부적절한 친밀감은 어떻게 가족을 망치는가?

친밀성이 과도하게 높거나 낮은 가족의 경우 구성원들이 모두 '부적절감'을 느낍니다. 부적절감이란 자신이 특정 장소, 관계 등에 어울리지 않는다고 생각하는 것을 말합니다. 소속감과 정반대되는 개념이죠. 가족과 함께 있어도 외롭다고 느끼거나 집이 불편하다면 가족 관계에 대한 부적절감을 느끼는 상태입니다. 가족과 같이 사는 게 너무 불편하고, 가족이 타인보다 불편하게 느껴진다면 어느 때보다 고통스러울 겁니다. 이러한 부적절감을 느끼지 않기 위해서는 친밀성을 적절히 다루어야 합니다.

그런데 친밀성이 어느 정도여야 적절하다고 할 수 있을까요? 눈에 보이지도 않고 수치로 표현할 수도 없어 어렵게 느껴지기만 합니다. 친밀성을 어느 정도로 유지해야 하는지에 대한 경계는 사람마다, 관계마다 다릅니다. 그러니 친밀성을 다루기 위해서는 '이상적인 친밀성 정도'에 대한 가족 구성원의 의견이 다를 수 있음을 이해해야 합니다. 그러지 않으면 자신이 생각하는 친밀성 정도를 일방적으로 강요하는 악당이 될 수도 있습니다. 가족 구성원을 밀어내서 외로움에 시달리게 만들거나, 진물이 흐르는데도 있는 힘껏 찍어 누르는 사람이 되고 싶으신가요? 아니라면 가족이 원하는 친밀성의 정도를 들여다보고 그에 맞춰 관계를 조율하세요.

친밀성이라는 단어를 오해하지 마세요. 어떤 사람은 티격태격하거나 상스러운 욕을 하는 등 서로 괴롭히는 것을 친밀성이 높은 것으로 오해하기도 합니다. '우리가 이 정도로 친밀하니까 이런 것까지도 서로 용납할 수 있는 거야.'라는 생각이죠. 하지만 관계의 기본 요소인 '존중'이 사라진 상태에서는 아무리 노력해도 친밀성을 높일 수가 없습니다. 나를 존중하지 않는 사람과 가깝게 지내고 싶은 사람은 없어요. 마찬가지로 가족이어도 나를 무시하며 깎아내리는 사람에게서는 멀어지고 싶어 합니다. 그러니 적절한 친밀성을 유지하고 싶다면 친밀성에 대한 기준을 돌아보고 아무리 친밀한 사람일지라도 존중하세요.

상담 현장에서는 '라포'라는 개념이 있습니다. 치료적 동맹, 치료적 관계를 뜻하는 개념으로 서로에 대한 신뢰 관계를 의미합니다. 상담 현장에서 내담자가 상담자를 처음 만나는 순간 '저 사람과 상담을 계속 진행하겠다.' 혹은 '상담을 진행하지 않겠다.'라는 결정을 하게 됩니다. 상담자도 마찬가지죠. 이때 서로가 '저 사람과 상담을 계속 진행하겠다.'라고 마음을 먹으며 생겨난 신뢰 관계를 '라포'라고 불러요. 다만 라포가 평생 지속되는 건 아닙니다. 초기에 형성된 라포는 이후 경험을 통해 강화되거나 약화되는데, 핵심은 강화된 라포는 상담이 끝난 후에도 지속된다는 겁니다. 상담이 종료되고 내담자와 상담자가 서로 더 볼일이 없는 상황에서도 '다음에 또 무슨 일이 생기면 이분을 찾아가야겠다.'라거나 '그때 그 내담자는 문제없이 잘 지내고 있을까?'라고 생각하는 등 서로 함께했던 시간과 신뢰가 함께하지 않는 순간에도 지속되는 거죠. 라포가 형성된 관계는 잔잔하면서도 깊은 호수처럼 너무 멀지도 너무 가깝지도 않게 유지됩니다.

라포는 가족 관계를 유지하는 데도 필요합니다. 비록 지금

사이가 좋지 않더라도 노력하면 차차 나아질 거라는 믿음을 가지는 것, 감정적으로 밀착되어야만 친밀한 게 아니라는 것, 반대로 물리적으로 멀다고 해서 친밀하지 않은 게 아니라는 것을 이해할 때 라포가 형성되죠. 가족이라고 종일 붙어 있는 것은 아닙니다. 부부가 맞벌이를 할 수도 있고 주부와 직장인으로 역할이 나뉠 수도 있죠. 그런데 서로 떨어져 있는 순간이 생길 때마다 상대를 의심하면 관계를 유지할 수 있을까요? 의처증, 의부증이 있는 사람은 배우자와 하루하루 피를 말리는 전쟁을 벌입니다. 적절한 라포를 바탕으로 서로에 대한 신뢰를 쌓은 가정은 서로를 보지 못하는 순간에도 '집에 잘 있겠지.', '직장에서 열심히 일하고 있겠지.', '배는 안 고프려나.' 이런 생각을 합니다. 서로 보지 않는 순간에도 그 사람에 대한 신뢰가 유지되는 것이 바로 라포의 핵심이죠. 따라서 잔잔하지만 오랫동안 원만한 관계를 유지하는 부부는 서로에게 무관심한 게 아니라 상대에 대한 믿음으로 자신의 불안을 잠시 멈춰 두는 기술을 익힌 겁니다.

라포가 적절한 친밀성을 높이기 위한 첫걸음이라면 라포를 형성하기 위해서는 어떻게 해야 할까요? 먼저 '관계 알람'을 맞추세요. 친밀성을 높이기 위해서는 직접 만나지 못하더라도 주기적으로 연락을 주고받으며 심리적으로 연결되어 있음을 인식해야 합니다. 자녀가 성장할수록 부모와 대면하는 일은 물론이고 연락하는 횟수가 눈에 띄게 줄어듭니다. 부모가 먼저 연락하기 전까지 먼저 연락하지 않는 자식도 많죠. 요즘은 서로 생활 패턴이 다르고 바쁘다는 이유로 한 지붕 아래 사는 가족끼리 밥 한 끼 안 먹는 집도 많습니다. 그럴 때 필요한 것이 관계 알람입니다.

일주일에 한 번씩 알람을 맞춰 두고 가족에게 연락하고, 한두 달에 한 번씩 온 가족이 모여 밥 한 끼 먹으세요. 달력에 적어 두는 것도 좋지만 잊지 않도록 휴대 전화에 알람을 설정해 두는 것도 좋습니다. 그리고 알람이 울리면 다른 일을 하고 있더라도 잠시 시간을 내어 연락을 해 보세요. 짧은 문자도 괜찮습니다. 가족끼리 몇 달이고 연락도 하지 않고, 밥 한 끼도 함께 먹지 않는다면 남이랑 다를 게 뭐겠어요. 가족과 친밀성을 유지하고 싶다면 관계 알람을 맞추는 것부터 시작하세요. 그리고 밥을 먹을 때는 특별한 주제를 찾기 위해 노력하기보다 가족의 안부를 묻고 일상적인 이야기를 나눠 보세요. 별것 아닌 대화 속에 숨겨진 가족의 삶과 생각을 이해할 수 있는 순간이 올 겁니다. 그러다 보면 자연스레 라포를 형성할 수 있습니다. 물론 가족도 결국 사회적 관계이기에 서로 등을 돌리거나 다툴 수 있죠. 하지만 관계 알람을 맞춰 두고 주기적으로 이야기를 나누다 보면 문제를 풀 해결책을 찾을 수 있을 거예요. 나아가 서로를 위한 작은 의무와 역할을 수행하다 보면 건강한 결속감도 강해질 겁니다.

만약 관계 알람이 울릴 때마다 부담스럽거나 스트레스를 받는다면 관계 알람의 주기를 늘려 보세요. 만나거나 연락하는 횟수를 줄이는 겁니다. 연락을 주고받을 때마다 서로에게 상처를 남기거나 한 사람이 지치는 관계는 오래갈 수 없습니다. 연락을 주고받는 빈도와 만나는 횟수를 줄이며 관계에 공백을 만들어 두고 잠시 쉬어 가는 겁니다. 그러다 상처가 치유되고 여유가 생기면 다시 가족과 함께하고 싶을 때가 옵니다. 그때 관계 알람의 주기를 줄이며 관계를 좁히고 친밀성을 높일 수 있죠. 관계가 흘러가는 대로 두지 말고 흐름을 조절해 보세요. 더욱 원만하게 관계를 조율하며 적절한 친밀성을 유지할 수 있을 겁니다.

적절한 친밀성을 유지하기 위해서는 일상적 공격을 줄이는 것도 중요합니다. 어릴 때부터 친절하게 살라는 말을 귀에 못이 박이게 듣고 자랐는데도 가족한테 친절하기는 쉽지 않습니다. 밖에 나가서는 손이 발이 되도록 싹싹 비비고, 친한 척하고, 눈을 동그랗게 뜨고 착하게 구는 사람이 왜 집에서는 이다지도 쌀쌀맞고 냉혈한처럼 구는지 아무리 생각해 봐도 이해할 수가 없죠. 가족에게 유난히 공격적으로 변하는 이유는 가족 관계에 대한 신뢰를 기반으로 한 일상적 공격성 때문입니다. 가족은 타인보다 편하고, 관계가 조금 틀어지더라도 언제든 화해할 수 있는 관계처럼 여겨집니다. 이처럼 가족은 언제든 나를 수용해 주는 사람이고 가족 관계는 언제든 회복이 가능한 관계라는 근원적 믿음은 가족을 편하게 대하도록 만들죠.

말 한번 잘못하면 박살 나는 관계에서는 벌벌 떨면서 조심하지만 실수하더라도 이해하고 용서해 줄 거라는 믿음이 있다면 긴장도를 낮추고 말과 행동에 큰 제약을 두지 않습니다. 그러다 보니 상대방을 불편하게 만들거나, 상처 줄 수 있는 말과 행동도 서슴지 않습니다. 하지만 가족도 상처를 받을 수 있고, 가족이 나를 용서하지 않을 수도 있음을 기억하세요. 가족 관계는 끈끈하게 연결되어 있지만, 한번 끊어지면 다시 연결하기 어려운 관계이기도 합니다. 그러니 가족에게 더 친절하게 대하고, 의식적으로 배려하세요. 그리고 자신의 일상적 공격성 패턴을 확인하세요. 일상적 공격성은 특정한 상황에서 동일한 방식으로 반복됩니다. 피곤하거나 우울할 때, 짜증이 나거나 화가 날 때 등등 내가 가족을 밀어내고 공격하는 상황이 언제인지 살펴보세요. 어떤 방식으로 공격하는지도 확인하면 좋습니다. 그러고 나서 동일한 상황이 왔을 때 대처할 수 있는 나만의 대처법을 만들어 보세요. 하루아침에 바뀌지는 않을 겁니다. 하지만 조금씩 고쳐 나가다 보면 일상적 공격성이 줄어들면서 가족과 더욱 원만한 관계를 지켜 나갈 수 있습니다.

마지막으로, 친밀성을 높이고 싶다면 위기 순간에 함께하세요. 당연하게 들릴 수도 있겠지만 바쁘다는 핑계로, 나도 힘들다는 합리화로 가족을 외면하는 사람도 존재합니다. 하지만 위기의 순간에 가족이 곁에 없다면 그렇게 서운할 수가 없죠. 이를테면 입원했을 때 가족이 병문안은커녕 전화 한 통도 없다고 상상해 보세요. 이러한 관계도 가족이라고 할 수 있을까요? 저라면 그런 가족과는 만나고 싶지도 않을 것 같아요. 아무리 바빠도 전화 한 통 할 시간을 내기 어렵다는 건 이해하기 힘들죠. 회사 부장이나 사장이 입원했어도 그랬을까요? 먹고사는 문제에서는 절대 그러지 않을 거라 생각하면 속상한 마음은 점점 커집니다. 하다못해 친구가 입원해도 문자 한 줄은 남길 텐데 '그런가

보다.' 하고 넘긴다면 나에게 관심은 있는 건지 돌아보게 됩니다. 아무리 사이가 안 좋아도 가족에게 난처한 일이 생겼거나 위기 상황에 봉착했다고 하면 "왜, 무슨 일인데?" 물어보고, 보탤 수 있는 힘은 보태세요. 그걸 계기로 관계를 회복할 수 있고, 훗날 나에게 위기가 닥쳤을 때 가족이 힘이 되어 줄 겁니다. 아무리 관계가 틀어졌더라도 위기 상황에서 손 내밀어 주는 게 바로 가족 아니겠습니까?

가족과 나는
결국 남이라는 사실을
기억하라

가족은 삶의 중요한 과업을 처리하는 데 도움을 주는 가장 가까운 관계이자, 삶의 첫 역할을 부여하는 관계이기도 합니다. 따라서 가족 관계를 통해 쌓은 경험을 바탕으로 평생을 살아가게 되죠. 하지만 가족 관계가 삶의 전부를 좌우한다고 생각하면 안 됩니다. 삶을 살아가다 보면 다양한 사회적 관계를 맺게 되고, 그 속에서 새로운 과업이나 역할을 부여받게 됩니다. 새롭게 받은 과업과 역할을 적절히 수행하기 위해서는 가족 관계를 돌아보며 이전의 과업을 적절히 성취했는지 확인하고, 역할을 수행하며 체화된 정체성은 무엇인지 확인해야 합니다. 이를 통해 자기 자신을 돌아보고, 새로운 과업과 역할 속에서 성장하며 새로운 삶을 개척해 나갈 수 있죠.

심리학자 에릭 에릭슨_{Erik Erikson}은 사람들을 인터뷰한 내용을 토대로 심리 사회적 발달 단계를 여덟 단계로 나누면서 각 단계에 알맞은 인생 과업이 있다고 주장했습니다. 학자마다 단계를 구분하는 세세한 기준은 조금씩 다르지만, 모두 입을 모아 인생에는 각 시기마다 성취해야 할 중요한 과업이 있다고 하죠. 그리고 각 과업을 성취하기 위해서는 가족의 역할이 중요합니다. 포기하지 않도록 응원하고, 넘어졌을 때 일어설 수 있도록 격려하고, 실패했을 때 다시 한번 도전할 수 있도록 곁을 지키고, 때로는 가장 필요로 하는 조언을 해 줄 수 있는 존재가 바로 가족입니다.

1단계에 해당하는 0~1세에는 '신뢰감 확보'가 중요한 과업입니다. 이는 대부분 부모와 같이 보살피고 양육하는 보호자와의 관계에서 형성됩니다. 좋은 부모가 때 되면 젖을 먹이고, 재우고, 기저귀를 갈아 주면서 '믿음직한 사람'이 되면 '아, 내가 앞으로 살 세상도 이렇게 믿을 만할 거야.'라는 신념이 생깁니다.

나아가 2단계가 되면 '자율성'을 찾습니다. '내가 할 거야.',

'내가 할 수 있어.' 하는 마음이 자아와 함께 싹트는 거죠. 그때 부모의 역할은 자녀가 실패했을 때 안전하게 자신을 지킬 수 있는 물리적 공간을 만들고, 실패해도 괜찮다는 심리적 안정을 형성해 주는 겁니다. 잘하지는 못하더라도 계속 시도할 수 있도록 돕는 것이죠.

3단계 과업은 '주도성'으로 유치원을 다니는 3~5세에 해당합니다. 무엇이든 마음대로, 하고 싶은 대로 하던 시기를 벗어나 세상에 뛰어들어 규칙을 배우는 시기입니다. 이때는 유치원이나 어린이집에서 해야 할 것, 하지 말아야 할 것과 같은 규칙을 배우고, 주도적으로 규칙을 세우기도 하며 리더십을 기르게 됩니다.

그러고 나면 초등학교에 다니면서 '근면성'을 기르는 4단계로 넘어갑니다. 근면성은 자율적으로 정한 목표에 도달할 경우에 획득할 수 있습니다. 특정 점수 이상의 성적을 받겠다는 등의 거창한 목표가 아니어도 됩니다. 사소한 것이라도 목표와 계획을 직접 세우고, 온전히 수행한다면 근면성이 길러진 거죠. 이때 옆에서 누군가가 '잘한다, 파이팅!' 하며 응원해 주면 목표에 도달하기 수월해지는데, 대부분 부모가 그 역할을 하기에 적합합니다. 이처럼 한 사람이 청소년기를 넘길 때까지 인생 과업을 성취할 수 있도록 가장 가까운 곳에서 오랫동안 지켜보며 돕는 존재가 바로 가족입니다.

그 후부터 스무 살까지를 5단계 혹은 청소년기라고 부릅니다. 사춘기라고 바꿔 읽어도 되는 시기죠. 이때의 인생 과업은 '정체성'을 얻는 거예요. 부모의 손아귀에서 벗어나면서 새로운 사회적인 역할을 수행하기도 하고 역할 실험을 통해 나와 주변인의 역할을 깨닫게 됩니다. 그렇게 부모가 정해 준 정체성에서 벗어나 스스로 정체성을 찾는 시기죠.

6단계인 청년기는 친밀감을 획득하는 게 가장 중요한 과업으로 부상합니다. 본격적으로 사회생활을 시작하고 진지한 사랑도 시작하는 시기이기에 사회적 친밀감을 형성하는 게 몹시 중요해지죠.

이후 7단계, 중년기로 넘어가면 '생산성'이 중요한 과업이 됩니다. 아래로는 자녀를 양육하거나 후배를 기르고, 위로는 부모를 부양하거나 상사를 모시며 끊임없이 생산을 이어 가는 시기이기 때문입니다.

마지막으로 8단계인 노년기는 '자아 통합성'을 성취하는 시기입니다. 지난 삶을 돌아보며 성공은 물론 실수까지 통합하여 나름대로 최선을 다했으며, 이 정도면 괜찮다고 인정하고 보람을 찾는 시기죠.

각 시기에 알맞은 과업을 성취하지 못한 것 같다고 절망할 필요는 없습니다. 에릭슨은 해당 시기에 과업을 해내지 못하더라도 훗날 기회가 찾아왔을 때 과업을 해내며 삶을 바꿀 수 있다고 말합니다. 아무것도 모르던 어린 시절에 주변에서 일어나는 일을 어떻게 모두 통제하며, 각 과업을 성취할 수 있겠어요? 과업을 해내지 못하는 상황이 있을 수 있죠. 대신 성인이 되었을 때 각각의 과업을 스스로 해내며 성장을 도모해 보세요. 과거의 가족이 나를 챙겨 주지 않아서 성장하지 못했다고 생각하지 말고, 다시 한번 성장할 기회가 찾아왔다고 생각한다면 언제든지 더 나은 삶을 만들 수 있을 겁니다.

저는 개인 과업이 있는 것처럼 가족이 함께 해결해야 하는 가족 공동 과업도 있다고 생각합니다. 이를테면 가족이 아플 때 돌보거나, 어려울 때 돕거나, 고민에 빠졌을 때 심란함을 나누는 등 다양한 상황에서의 역할이 있죠. 부모의 역할에는 자녀를 독립적인 시민으로 기르는 것, 자녀가 경제력을 갖출 때까지 경제적으로 부양하는 것, 정서적인 지지와 사랑을 전하는 것 등이 있죠. 자녀 또한 부모를 공경하고 사랑하거나 형제를 돕는 등의 역할이 있는데, 형제 순서에 의해 역할이 갈리기도 합니다. 심리학자 알프레드 아들러Alfred Adler도 출생 순서에 관해 언급한 바 있습니다. 가만히 생각해 보면 장남과 막내가 가족 안에서 같은 역할을 수행하기는 힘들겠죠? 나이 차이는 물론이거니와 심리적 발달 상태도 다르고, 각 역할에 기대하는 행동도 다르기 때문이죠.

과거 20세기에는 장남, 장녀에게 어마어마한 역할을 부여했습니다. 가족이라는 공동 과업에서 팀장을 맡은 첫째는 누릴 수 있는 권리도 컸지만, 과업을 달성하는 데 실패하면 책임을 지기도 했습니다. 게다가 처음 태어났을 때 사랑을 독점했던 것과 달리 동생들이 태어남에 따라 동생에 대한 책임은 늘었지만 사랑은 동생과 나눠 가져야 하는 상황이 닥칩니다. 어린 시절, 더 어린 동생을 위한 양보를 강요받거나 부모님이 계시지 않을 때 동생들을 돌보아야 한다는 책임이 어깨를 짓눌렀죠. 물론 현재는 과거에 비해 첫째가 가족을 모두 부양해야 한다는 인식이 줄어들면서 첫째의 역할과 부담감도 줄어들었습니다. 그와 동시에 첫째에게 모든 유산을 몰아주던 과거와 달리 형제들이 공평하게 유산을 나눠 갖는 것이 보편적인 모습이 되었죠. 하지만 여전히 첫째는 형제와 가족을 책임져야 한다는 부담감을 많이 느낍니다. 현대에 첫째에게 기대되는 역할은 강제적인 책임이나 의무로 드러나지는 않지만, 심리적으로 영향을 미칩니다. 행동으로 이어지지 않더라도 항상 '내가 맏이니까.', '동생들 돌봐야 하니까.'라는 생각을 기본적으로 하고 있는 거예요. 이런 경우 가족과 친밀성을 조율할 필요가 있습니다. 가족을 돌보는 것도 좋지만 과도한 책임감으로 인해 자신을 갉아먹지 않도록 유의해야 합니다. 그러지 않으면, 언젠가 자신의 희생을 알아주지 않는 가족들의 모습에 크게 상처를 받거나, 불합리하고 억울하다고 느낄 수 있습니다. 그러니 가족을 위해 희생하기 전에 자신의 삶에 대해서도 성찰하며 책임감을 줄여 보세요.

그런가 하면 첫째와 막내 사이에 낀 둘째는 자신을 피해자로 여깁니다. 좋은 건 맏이가 누리고, 사랑은 동생들이 받는다고 생각하죠. 그래서 다른 사람보다 더 잘 해내야 한다는 마음에 경쟁심을 불태우기도 하고, 더 많은 관심과 사랑을 받기 위해 사회적으로 몹시 싹싹한 경우가 많습니다. 이러한 역할이 긍정적으로 발산된다면 경쟁을 통해 성취를 얻고 사회적으로 긍정적인 평가를 받을 수 있지만, 부정적으로 발산될 경우 자신을 가혹하게 평가하며 자존감이 낮아지거나 타인에 대한 불신이 커질 수 있습니다. 그러니 타인과 자신을 비교하는 것을 경계하는 것이 좋습니다. 누가 더 많이 가졌는지에 대해 고민하기보다 내가 가진 것들을 헤아리며 타인이 아닌 자신에 대해 생각하는 시간을 가지세요. 그리고 가족 내에서 잃은 것, 양보한 것보다는 얻은 것들을 생각해 보세요. 가족 또한 관계이기에 서로 주고받은 것이 있을 겁니다. 가족에게 받은 것을 떠올리며 가족 내에서 찬밥 신세가 아니었음을 인지해야 합니다.

막내는 부모와 형제의 사랑을 듬뿍 받고 자랐기에 그만큼 가족 관계에서 분위기를 주도하는 역할을 맡습니다. 분위기를 느슨하게 풀어 불화를 중재하기도 하죠. 따라서 눈치를 살피는 데 능숙합니다. 하지만 가족의 내리사랑을 한 몸에 받으며 나이가 몇이든 가족 내에서 영원한 응석받이가 되는 경우도 있습니다. 그래서 막내라는 역할이 가족 내에서만 유효함을 깨닫는 것이 중요합니다. 집에서는 응석받이일지라도 사회에서는 페르소나라는 사회적 마스크를 써야 하죠.

이처럼 출생 순서에 따라서도 자녀의 역할은 다양하게 분화되고, 생애 초기에는 부모의 영향이 더욱 클 수밖에 없기 때문에 가족 관계를 원만하게 유지하기 위한 가족 구성원의 노력이 필요합니다. 서로 부담을 덜어 주고, 상처받지 않도록 노력하며 과업을 온전히 수행할 수 있도록 돕는 것이죠.

가족 내 역할을 확인했다면, 개인 과업과 가족의 공동 과업을 구분하는 것이 중요합니다. 공동 과업에 대한 거대한 부담은 개인 과업을 짓누르며 성취를 방해하기도 합니다. 반대의 상황도 존재하기에 개인 과업과 공동 과업 사이에서 균형을 찾아야 합니다. 두 과업을 동시에 수행하되 그것들이 섞이지도, 한쪽이 너무 커져서 다른 쪽을 짓누르지도 않는 황금 상태일 때 두 과업을 온전히 성취할 수 있습니다. 또 한 과업을 실패하더라도 다른 과업에서 달성한 성취를 통해 회복하고 다시 한번 시도해 볼 수 있죠.

역할이 부담스럽거나 해내기 어렵다고 느껴진다면 가족에게 상황과 한계를 명확히 알리세요. 만약 아침 7시에 출근해서 밤 11시에 돌아오는 직장인이 밥하고 빨래한다고 생각해 보세요. 체력도 없고 부담감이 크겠죠. 그럴 땐 짜증을 내거나 화내는 대신 자신의 상황을 설명하고 도움을 요청하면 됩니다. 대화를 시도하지 않고 단순히 분노를 폭발시키면 가족 내 불화가 촉진되지만, 상황과 한계를 알리면 더욱 평화롭게 역할을 재편할 수 있습니다. 나아가 의사소통이 원활해지면서 공동 과업이 삐걱거릴 때 얼마든지 서로 역할을 조정하며 원만히 해결할 수 있죠. 그러니 혼자 끙끙거리며 씨름하지 말고 가족과 대화를 나눠 보세요.

가족은
한 그루 나무가 아닌
숲이다

가족을 한 그루 나무라고 생각하는 분들이 있습니다. 부모가 뿌리가 되어 가족을 지탱하고, 자녀들이 가지가 되어 햇빛을 받으며 뻗어 나면서 한 몸이 되어 열매를 맺는 것을 목표로 삼는 겁니다. 하지만 가족은 한 그루 나무가 아니라 숲입니다. 가족 구성원들이 마치 한 사람인 것처럼 생각하고 행동하며 공통의 목표만을 위해 산다는 것은 불가능한 일이죠. 아무리 혈연으로 이어져 있고 함께 오랜 시간을 지냈다 하더라도 서로 다른 취향과 성격, 생활 방식을 가지고 있습니다. 그러니 가족은 한 그루 나무가 아닌 서로 다른 나무, 풀, 흙, 꿀벌 등이 모여 만든 숲이라고 생각해야 합니다.

숲으로서의 가족 관계가 건강하기 위해서는 '거리 두기'가 가장 중요합니다. 건강한 숲의 모습을 떠올려 보세요. 나무들은 한데 모여 서로 빈틈없이 붙어 자라는 것이 아니라, 한 사람이 지나갈 수 있을 정도의 거리를 유지하면서 각자의 공간을 확보하고 있죠. 나무가 서로 붙어 있다면 햇빛을 받기 위해 가지를 길게 뻗는 것도 어려워지고, 뿌리를 넓게 내려 토양에서 충분한 양의 영양분을 흡수하는 것도 어려울 겁니다. 가족 관계도 마찬가지입니다. 가족 구성원이 자신의 영역을 정해 두면 그 영역을 침범하지 말아야 합니다. 친밀하고 소중한 만큼 서로의 영역을 존중하며 거리를 두는 것이죠. 문제는 가족 구성원이 서로를 친밀하고 소중하게 여길수록 가족과 거리 두는 것이 어렵다는 겁니다. 거리를 두었다가 멀어지지는 않을까 걱정되기도 하고, 한평생 친밀한 관계로 지내 왔는데 거리를 두자니 어색하게 느껴지기도 할 겁니다. 하지만 가족 관계도 인간관계의 일종임을 기억하세요. 친밀하고 오랫동안 함께한 관계이기에 조심해야 하는 것들도 있고, 서로를 가장 잘 안다고 생각하는 착각에서 시작된 오해와 상처들이 있을 수 있습니다. 그러니 가족과 거리를 두어야 하죠. 그렇다면 어떻게 해야 가족과 거리를 두면서도 원만한 관계를 유지할 수 있을까요?

가족 관계에서 거리를 두기 위해서는 가족은 서로에 대해 잘 알고 있을 거라는 착각을 버려야 합니다. 많은 사람이 가족에 대해 잘 알고 있으며, 가족도 자신에 대해 잘 알고 있다고 생각합니다. 그런데 이는 착각입니다. 가장 오랫동안 함께했고, 가장 친밀한 관계이지만 나에 대해 모르거나 오해하는 것이 있을 수 있습니다. 가족들이 가장 좋아하거나 가장 싫어하는 것은 무엇인지, 요즈음 누구와 친하게 지내는지, 어떨 때 혼자 있고 싶어 하는지 등등을 모두 알고 있나요? 그리고 내가 알고, 믿고 있는 것들이 당사자도 동의한 것들인가요? 하나씩 맞춰 가다 보면 분명 몰랐던 것, 예전과 달라진 것들이 있을 겁니다. 다른 가족들이 나를 대할 때도 마찬가지입니다. 가족들이 나에 대해 몰랐던 것, 오해하고 있는 것들이 분명히 있을 수 있습니다. 이러한 사실을 무시한 채 가족 관계를 이어 가다 보면 가족이 나에 대해 잘 모르거나 나를 이해하지 못한다고 느낄 때 상처받기도 하고, 가족에 대해 잘 안다고 생각하며 했던 말이 가족에게 상처를 주기도 하는 것이죠. 그러니 가족과 원만한 관계를 유지하고 싶다면 가족을 다

안다는 착각을 버리세요. 서로에 대해 잘 모르는 것, 오해한 것이 있음을 인정하는 것은 가족 관계를 원만하게 풀어 갈 수 있는 새로운 시작이 될 겁니다.

다음으로 가족이라는 이유로 모든 것을 이해하고, 책임져야 한다는 강박을 버리세요. 가족을 위해 희생하는 것은 처음 한두 번은 '가족을 위해서라면 이런 것쯤이야.'라는 마음으로 선뜻 할 수 있지만, 희생이 반복된다면 숨통을 조이며 가족 관계가 마치 감옥처럼 느껴질 겁니다. 그 속에서 말하지 못한 감정과 억눌린 불만이 관계 속에 쌓이고 굳어지면 가족들이 불편해지죠. 그러니 가족에게 적절한 선을 그으세요. 나에게 상처를 주는 가족이라면 만나는 횟수를 줄이거나 분명히 경고하고, 지속적으로 무리한 부탁을 한다면 거절하는 연습을 하세요. 처음에는 가족의 부탁을 거절하거나 가족에게 선을 긋는 것이 어색하기도 하고, 나만 참고 넘기면 되는 일인데 괜히 나섰다가 가족 관계만 어긋나는 건 아닐지 걱정되기도 할 겁니다. 하지만 더 오래, 더 건강한 관계를 맺고 싶다면 분명한 선을 그으세요. 잠깐의 불편함을 견디면 소중한 가족과 더 오랫동안 행복할 수 있을 겁니다.

가족들과 거리 두는 것을 서로 합의하는 것도 좋습니다. 한

집에 살며 함께 보내는 시간이 많거나 각자의 공간이 필요하다고 느낀다면 절대 시간과 절대 공간을 정해 보세요. 아무리 가족이라 할지라도 혼자 있고 싶은 순간이 있을 수 있고, 가족이 만지거나 보지 않길 바라는 물건이 있을 수 있죠. 그런 것들을 정해 두는 겁니다. '절대 시간'은 하루 30분 혹은 1시간 등 시간을 정해 놓고, 혼자서 휴식을 취하며 가족 관계에서 잠시 멀어지는 겁니다. 혼자서 조용히 가족에게 받았던 상처 혹은 가족과 함께하며 느꼈던 불편한 감정을 해소하며 다시 몸과 마음의 체력을 기르는 것이죠. 절대 공간도 마찬가지입니다. 가족이 건드리지 않길 바라는 물건들을 모아 두거나 가족이 들어오지 않길 바라는 공간을 정하고 가족들과 합의하세요. 서로에게 보여 주고 싶지 않은 비밀 혹은 사생활을 가족이라는 이유만으로 공개하지 않아도 됩니다. 서로 많은 것을 공유하고 숨김없이 공유해야 한다는 생각에서 가족에 대한 강박이 생기는 겁니다. 아무리 가족이라 할지라도 가족에게 보여 주고 싶지 않은 모습이 있을 수 있죠. 가족이 타인임을 잊지 말고, 개인적인 시간과 사생활을 존중해 주세요.

물리적 거리든 심리적 거리든 숨을 고를 수 있는 틈이 있어야 상처를 회복할 수 있는 힘과 지칠 때 숨을 고를 수 있는 틈이 생깁니다. 소중하고 친밀한 관계일수록 붙어 있기보다는 서로의 영역을 존중하며 거리를 두세요. 가족을 하나의 운명 공동체로 여긴다면 관계는 무거워지지만, 함께 살아가는 여러 존재의 모임으로 바라본다면 부담이 줄어들 겁니다.

너무 뜨겁지도,
차갑지도 않은
관계의 온도를 찾아라

모든 가정은 각자의 사연이 있습니다. 그 사연만큼이나 다양한 성격의 사람들이 서로 다른 소망과 욕구를 가진 채 가족을 이루어 살고 있죠. 따라서 모두가 만족하는 균형점은 존재할 수 없습니다. 다만 조금씩 양보하며 너무 뜨거워서 숨이 막히지도, 너무 차가워서 마음이 얼어붙지도 않는 상태를 찾아가는 것이죠. 가족 관계에서는 관계의 온도를 조절하고, 적절한 온도를 찾는 일이 특히 어렵습니다. 가족이라는 이름 아래 너무 가까이 다가가 상처를 주기도 하고, 반대로 서운함을 피하려다 지나치게 멀어지기도 하죠. 게다가 가족마다 적정 온도가 다르기 때문에 표

본을 찾는 것도 쉽지 않습니다. 그렇다면 어떻게 해야 가족 관계의 적정 온도를 찾을 수 있을까요?

가족 관계의 적정 온도를 찾기 위해서는 현재 가족의 위치와 상태를 객관적으로 조망해야 합니다. 나무가 빽빽한 밀림에서 길을 잃었다면 가장 먼저 해야 할 일은 각각의 나무를 보는 대신 거리를 두고 숲을 바라보는 일입니다. 미로 같은 길은 위에서 전체를 바라봐야 벗어날 수 있어요. 그러니 가족 관계를 회복하고 싶다면 개인 간 관계에 대해 고민하기 전에 가족 전체의 분위기와 과업을 객관적으로 조망해야 합니다. 가족이 함께 모여 있을 때 어떤 분위기인지 떠올려 보세요. 그리고 문제점은 무엇인지, 어떻게 풀어 갈 수 있을지 고민하며 조금씩 관점을 좁혀 나가는 겁니다. 관계 회복은 그렇게 시작됩니다.

가족 관계의 균형점을 찾기 위해서는 서로가 생각하는 가족이란 어떤 의미, 어떤 관계인지 이해해야 합니다. 누군가는 가족을 어떤 비밀이든 털어놓을 수 있는 존재라고 생각하지만, 또 누군가는 가족이기에 말할 수 없는 것들이 있다고 생각하기도 합니다. 또 누군가는 가족이라면 크리스마스, 명절 등 특별한 날마다 모여야 한다고 생각하지만, 누군가는 평소에 자주 보되 특별한 날에는 다른 사람들과 시간을 보내도 괜찮다고 생각하죠. 각자가 생각하는 가족의 존재와 가족이라는 관계의 의미를 맞춰 가는 것이 중요합니다. 그 속에서 가족에게 바라는 바가 무엇인지, 가족을 위해 양보하거나 희생할 수 있는 것은 무엇인지, 아무리 가족일지라도 넘지 않길 바라는 선은 무엇인지 알 수 있습니다.

가족끼리의 오해와 다툼 상당수가 가족에 대한 기준이 서로 다르기 때문에 일어납니다. '가족인데 이것도 못 해 줘?' 혹은 '가족인데 당연한 거 아니야?' 하는 생각을 한 번쯤은 해 보았을 텐데요. 가족이라는 이유만으로 당연한 것은 없으며, 내 가족은 당연하다고 생각하지 않을 수 있습니다. 그러니 가족에게 '당신에게 가족이란 어떤 존재인가요?'라는 질문을 던져 보세요. 평소에 자주 부딪혔던 것들에 대한 가족의 가치관을 물어보세요. 이때 중요한 것은 서로를 이해하는 것이지 다그치거나 설득하는 것이 아닙니다. "왜 그렇게 생각하느냐?", "가족은 그런 것이 아니다." 하는 순간 가족 관계는 다시 파국으로 치달을 겁니다. 그러니 "그렇게 생각하는구나. 나는 이렇게 생각했어." 하며 서로의 생각을 이해하고 인정하며 대화를 이어 가세요.

물론 이 과정이 순조롭지만은 않습니다. 누군가는 서운함을 느낄 것이고, 누군가는 거절당했다는 생각에 상처를 받을 수도 있습니다. 하지만 불편함을 피하기 위해 대화를 하지 않는다면 관계는 또다시 같은 자리에서 멈추게 됩니다. 더 큰 행복과 즐거움을 위해 잠시간의 불편함을 인내하세요. 그리고 한 번의 대화로 모든 문제를 해결하려 하지 마세요. 시간을 두고 지켜보며 합의한 내용이 적절한지, 서로 불편함이나 아쉬움은 없는지 꾸준히 이야기하며 조정해야 합니다. 관계의 균형을 맞춘다는 것은 늘 중간에 서 있다는 뜻이 아닙니다. 때로는 한쪽이 더 물러서야 할 때도 있고, 때로는 분명하게 선을 긋는 용기가 필요할 때도 있습니다. 그 판단의 기준은 '가족이니까'가 아니라, '이 관계가 지금 나와 상대 모두에게 건강한 방향으로 가고 있는가'에 두어야 합니다.

모든 가족이 완벽한 균형을 맞추며, 적정 온도에 도달할 수는 없습니다. 하지만 서로의 다름을 알고, 감당할 수 있는 선을 확인하며, 필요할 때마다 관계의 온도를 조절하려는 태도만으로도 가족은 이전과 다른 방향으로 움직이기 시작합니다. 가족이기 때문에 더 애써야 하는 순간도 분명 있지만, 가족이기 때문에 무조건 참고 견뎌야 할 이유는 없습니다. 그 차이를 알아차리는

순간, 가족 관계는 조금 덜 아프고, 조금 더 숨 쉴 수 있는 온도로
나아가게 됩니다.

물리적 거리든 심리적 거리든
숨을 고를 수 있는 틈이 있어야
상처를 회복할 수 있는 힘과
지칠 때 숨을 고를 수 있는 틈이 생깁니다.
소중하고 친밀한 관계일수록
붙어 있기보다는 서로의 영역을
존중하며 거리를 두세요.

2장

세상에서
가장 어려운
애증의 관계
- 부모

부모와 자녀의 관계는 한 단어로 형용할 수 없을 만큼 깊고 복잡하게 얽혀 있습니다. 누군가는 세상에서 제일 어려운 애증의 관계라고 말하고, 누군가는 태어나 가장 먼저 마주친 근원적인 관계라고 말하기도 하는 관계죠. 저는 이 관계를 '인간 안의 인간'이라고 표현합니다. 서로 다른 삶을 살던 두 사람이 만나고, 엄마의 뱃속에 첫 생명이 잉태하며 제3의 존재가 만들어진 것이니 어떻게 특별하지 않겠어요? 신이 인간을 만들 때 "아우, 좋아!" 하고 탄성을 질렀다면, 그건 부모가 자식을 낳고 지르는 첫 번째 탄성과 똑같을 겁니다. 호흡을 처음 느끼고 울음소리를 듣는 순간 아기와 부모는 서로의 존재를 인지합니다. 이처럼 한 생명이 처음 세상에 태어나 맺게 되는 이 관계는 마치 최초의 입맞춤 같습니다. 앞으로 함께 살아갈 시간을 기대하며 설레기도 하고, 상처를 주진 않을지 걱정되기도 하는 순간일 겁니다.

그런데 부모와 자식 관계는 시간이 지나면서 복잡하게 변화합니다. 부모라면 한 번쯤 내 배 아파 낳은 자식인데 속을 도통 모르겠다고 생각해 봤을 겁니다. 자녀도 평생 봐 온 부모가 왜 자신의 마음을 몰라주는지 서운해 본 적 있을 테고요. 하지만 자식은 단순히 부모 DNA를 조합한 생명체이기 전에 부모에게서 독립한 완전히 새로운 인간입니다. 그러니까 가족은 서로 다른 두 사람이 만나서 같은 듯 다른 사람을 낳는 거죠. 따라서 자녀가 생긴다는 것의 의미는 단순히 가족 구성원이 늘어나는 것과는 완전히 다릅니다. 자녀를 돌보기 위해 생활 패턴이 달라지고, 자녀의 생애 주기에 따라 가족의 과업도 달라지죠. 둘째가 태어날 때도 마찬가지로 가족의 성격이 뒤바뀝니다. 그 과정에서 예측할 수 없는 일들이 벌어지고, 관계가 얽히면서 서로를 가장 잘 이해하면서도 가장 모르는 관계를 이어 가게 됩니다. 그래서 가장 가까운 관계이기에 애정을 갖지만, 그럼에도 서로를 잘 몰라주기에 증오하게 되는 어렵고 복잡한 관계가 만들어지죠.

하물며 모성애 또는 부성애와 같이 자녀가 부모에게 기대하는 것도 본능이 아닌 일반적 행동 특성으로 드러났습니다. 쉽게 말해 대부분 자녀를 돌보고, 자녀를 위해 희생하는 마음을 가지고 있지만 모든 사람이 반드시 가지는 것은 아닙니다. 본능이 아님에도 그런 마음을 가진 부모는 거룩하고 아름다운 동시에 자식이 마음 놓고 부모를 원망할 수 없는 이유가 되기도 하죠. 그러다 보니 자녀의 마음에는 부모를 공경하는 마음과 미워하는 마음이 나란히 존재합니다. 부모 또한 자녀를 언제나 사랑하지만, 자녀에게 실망하거나 자녀를 온전히 사랑할 수 없는 시간을 지납니다.

부모와 자녀는 서로를 사랑하면서도 미워하는 마음이 켜켜이 쌓이며 다양한 갈등 상황 속에서 틀어지고 화해하며 단단해지기를 반복하죠. 이 장에서는 부모와 자녀의 갈등 상황을 톺아보고 무엇이 문제인지, 어떻게 해결할 수 있는지 자세히 알아보려 합니다.

부양을 기대하는 부모와
내 한 몸 먹여 살리기도 힘겨운 자식

예전에는 '중장년'이라고 했을 때 떠올리는 이미지가 대체로 '가장 부유하고 가장 안정적인 나이대'였는데, 지금은 위 세대와 아래 세대 사이에 '끼인 세대'로 보는 시각이 많아졌습니다. 위로는 노년의 부모를 부양하고, 아래로는 자녀를 양육하며 이중고를 겪는 '샌드위치 세대'인 거죠. 그러면서도 자녀로부터 부양을 기대하기는 어려우니 삼중고라고도 볼 수 있겠네요. 핏줄이 부담이 되는 시대가 된 것 같아 안타까운 마음이 들기도 합니다. '이 유전자의 무게가 너무 싫다.'라고까지 말하는 분도 있으니까요. 이 말은 굳이 부모와 함께 살면서 모든 부양을 감당하는 것 혹은 자신이 낳은 자식들로 인해 삶의 고난과 힘듦을 견뎌야 하는 것이 너무 억울하다고 토로하는 것이지요. 가족을 보살피고 부양하는 것이 최고의 덕목이었던 때와 달리 가족을 부양하는 것이 부담으로 다가오는 이유는 사회적 인식과 제도가 변화한 탓일 겁니다.

예전에는 평균 수명이 짧았기 때문에 부모가 일찍 돌아가시는 경우가 많았죠. 부모님이 예순을 넘기면 환갑잔치를 열며 마음의 준비를 할 일이 생길 거라 여겼으니까요. 그런데 요즘은 평균 수명이 길어지면서 환갑잔치를 열면 팔구십 대 어르신들이 "요즘은 애들도 잔치하냐?" 이렇게 말씀한다고 하죠. 국가에서 100세를 맞으신 어르신께 드린다는 장수 지팡이 '청려장'을 2025년에는 무려 2,568분이나 받았을 만큼 100세 시대에 들어섰습니다.

문제는 100세 시대를 맞이한 부모 세대가 노후 준비를 거의 하지 못한 세대라는 것입니다. 과거에 본인이 부모를 부양했듯 자녀가 자신을 부양해 주리라 믿으며 자녀를 보살피고 지원하는 데 재산을 모두 퍼 준 세대죠. 하지만 그 자녀는 부모를 부양하기 어려운 상황에 놓여 있습니다. 사업에 성공하거나 재벌이 된 것이 아니라면 자신이 꾸린 가정을 지키며, 낳은 자식들 안 굶기고 키우는 것만도 벅찬 현실에서 부모까지 모시기는 너무 어렵죠. 과거와 달리 국가에서 기초 연금, 고령자 혜택 등 부양을 위한 보조를 제공하고 있지만, 자식은 여전히 부모가 부담스러울 수밖에 없습니다. 부모는 과거와 달리 국가에서 지원을 해 주니 이전보다 자녀가 부모를 부양하기 수월할 것이라 생각하게 됩니다. 따라서 자녀가 부담스러움을 내비치면 서운해하거나 자녀에게 실망하게 됩니다. 이런 경험이 있으니 현재 노년으로 진입하고 있는, 부모 세대인 베이비부머들은 밀레니얼 세대에게 무작정 재산을 증여하지 않습니다. 나를 부양하는 건 오직 나뿐이라는 걸 점점 깨닫는 거죠.

이외에도 사회가 불안해지면서 개인의 미래에 대한 불안도 덩달아 커지는 등 다양한 이유로 부양 부담이 증폭되었습니다. 자녀가 나를 부양하지 못할 거라는 불안, 내가 몇 살까지 일할 수 있을지 확신하지 못하는 불안, 부모님이 언제 편찮으실지 알 수 없는 불안, 한편으로 나는 얼마나 더 오래 살게 될 것인지에 대한 불안 등 나열하자면 한도 끝도 없죠. 이러한 불안들을 세세히 살펴보면 경제적 능력이 없어진 상태로 살아야 하는 기간에 대한 불안이라고 할 수 있습니다. 산업화가 시작되면서 정년 없이 원하는 기간까지 일할 수 있었던 농경 시대에는 없었던 불안이 생긴 거죠. 저는 이러한 불안을 '부양 불안'이라고 부릅니다.

'부양 불안'이 있다면 가능한 한 빨리 자식을 독립시키는 것이 중요합니다. 물론 미성년 자녀를 독립시키라는 말은 절대 아닙니다. 성인이 되어 자기 앞가림을 할 때까지 충분히 지원해 주되 독립할 여력이 되는데도 나가지 않고 버티는 자녀에 대한 부양을 멈추세요. 자립할 능력이 있는 자녀를 독립시킨다면 자녀의 독립성을 기를 수 있도록 돕고, 노후를 준비할 수도 있죠. 선택의 여지가 없습니다. 자녀를 1년 부양할 때마다 자신의 노후를 준비할 수 있는 기간이 1년씩 줄어든다고 생각하세요. 나를 부양하지 않을 자녀를 향한 과잉 부양을 멈추면 노후를 준비하며 부양 불안을 줄일 수 있습니다. 고령화 사회에 들어서면서 국가 또한 노년층을 부양하는 데 부담을 느끼며, 연금 수령 상향 등 다양한 논의가 오가는 상황에서 기초 연금, 고령자 혜택만을 기대한다면 노년이 힘겨울 수 있습니다. 그러니 지금부터라도 노후를 철저히 준비해야 합니다.

저는 자녀에게 기한을 정해 주고, 독립을 준비할 수 있도록 도왔습니다. 특정 시기가 되었을 때 반드시 독립을 해야 함을 알려 주면 자녀는 직장을 구하거나 아르바이트를 하는 등 독립을 준비하게 됩니다. 처음엔 상상조차 하지 못했을 테지만 독립을 해야 할 시기가 다가오면 심정적으로나 물질적으로 독립을 준비하게 되죠. 자녀를 평생 데리고 살 수는 없으며, 자녀가 독립할 수 있도록 돕는 것이 양육의 마지막 목표입니다. 그러니 죄책감을 내려놓고 자녀를 독립시키세요. 사랑하되 차갑게 사랑하자는 겁니다. 해야 할 일에 있어서만큼은 냉정하리만치 차갑게 굴어야 가족이 함께 행복할 수 있는 발판이 마련됩니다.

독립하는 자녀를 보며 헛헛한 마음을 느끼는 것은 당연한 일입니다. 평생을 옆에서 지켜본 자녀가 떠나는 것인데 후련하기만 할 수는 없죠. 최근에는 이러한 '빈 둥지 증후군'을 느끼는 사람들도 많아졌습니다. 하지만 부모가 헛헛하지 않기 위해 아이의 독립성을 저해하는 건 어떤 방식으로든 추천하지 않습니다. 그건 부모 욕심을 차리기 위해서 가족 관계를 일방적으로 끌고 가는 겁니다. 정신 바짝 차리세요. 경계를 정하지 못하면 나의 미래도 불안해지고 자녀도 독립성을 배우지 못한 채 성장하게 됩니다.

형편없는 부모도
부모 자격이 있을까?

'애들은 낳아 놓으면 알아서 큰다.'라는 말은 이젠 통하지 않는 세상이 되었습니다. 과거에는 아이를 일단 낳아 놓으면 알아서 자라는 줄 아는 부모, 형편없는 부모 밑에서 자라며 상처받고 힘들어하는 분도 많았습니다. 그런 분은 부모와 자식 간의 관계라는 가족 관계를 명확히 정립하지 못한 채 자란 셈입니다. 그렇게 문제를 방치하다 보면 어느 순간 부모와의 관계가 너무나 거슬리지만 해결할 수 없는 거대한 산처럼 느껴지는 순간을 맞이합니다. 아무리 사회에서 인정받고, 안정적으로 자리를 잡아도 부모와의 관계에서 발생했던 상처와 결핍을 메울 수 없다고 생각하기도 하죠.

　형편없는 부모는 부모 자격이 없다고 말하는 이가 많지만, 저는 어떤 부모든 부모 자격이 있다고 생각합니다. 이는 모두가 좋은 부모라는 말이 아닙니다. 내가 세상에 태어날 수 있게 한 것만으로도 충분히 부모 자격이 있다는 것이죠. 물론 부모는 선택할 수 없는 '복불복'에 가깝습니다. 태어났는데 좋은 부모를 만났다면 운이 아주 좋은 것이지만, 형편없는 부모를 만났다면 어쩔 수 없이 오직 자신의 힘으로 악착같이 살아남아야 합니다.

　'운칠기삼'이라는 말 들어 보셨나요? 인생은 운이 칠 할이고 노력이나 재주가 삼 할이라는 의미를 담은 말이죠. 나의 인생이 부모 때문에 망가졌다며 한탄하지 말고 나만의 노력으로 인생을 만들어 가세요. 선택할 수 없는 것에 대해 고민하기보다 더 나은 선택을 만들기 위해 노력하다 보면 원하던 삶을 살 수 있을 겁니다. 그러니 나의 부모가 부모 자격이 있는 사람인지를 판단하기보다, 그들의 부모 자격 유무가 나의 삶에 중요한 영향을 미치지 않음을 인지하세요. 부모가 형편없는 사람임에도 자녀가 훌륭하게 자랄 수 있고, 부모가 훌륭한 사람임에도 자녀가 형편없는 사람으로 자랄 수도 있습니다. 부모가 인생에서 중요한 존재인 건

맞지만, 전부는 아님을 기억하세요.

그러고 나면 '나에게 상처를 주거나, 나를 방치했던 부모를 꼭 부양해야 하나?'라는 고민을 하게 될 겁니다. 부모 역할을 충분히 하지 않았던 부모에게 자식 도리를 다해야 하는 것이 어쩐지 불공평하게 느껴질 수도 있습니다. 그럴 땐 최소한의 도리만 다하세요. 비록 부모의 역할을 다 해내지 못하는 부모를 만났지만 훌륭하게 성장했고, 좋은 사람을 만나서 사람의 도리를 배웠다면 사람으로서 최소한의 존중을 다하세요. 물론 모든 경우에 적용할 수 있는 것은 아닙니다. 부모가 가정 폭력을 저질렀거나 인생 전반에 걸쳐 어마어마한 상처를 주었다면 등지고 안 보는 것이 좋습니다. 나에게 정서적인 상처를 안긴 사람을 애써 만나며 상처를 더하기보다는, 멀리 두고 상처를 치유하며 자기 자신을 돌보세요.

이외에도 애증의 감정이 깊이 얽힌 관계 또한 부양을 해야 할지 고민하게 됩니다. 스스로 엄청난 피해자라고 줄곧 생각해 왔는데 크고 보니 자신만의 생각이었을 때, 멀리 떼어 놓고 보니 부모가 그저 서툴렀을 뿐 의도는 악하지 않았다면 우선 피해의식에서 벗어나세요. 피해의식에 지나치게 사로잡히면 본인을 불행의 구덩이에 조금씩 밀어 넣게 됩니다. 그러니 자신이 피해자라는 생각에서 벗어나 상황을 객관적으로 바라보세요. 부모가 악한 의도로 그러했을지, 부모에게는 최선의 선택이 아니었을지 고민해 보는 겁니다. 물론 부모가 최선을 다했음에도 자녀에게 상처를 줄 수 있고, 최선을 다했다는 것이 용서와 화해의 명분이 되지는 않습니다. 하지만 상황을 객관적으로 바라보며 이해할 때 관계를 재정립할 수 있습니다. 충분히 고심한 후 관계를 재정립했다면 관계를 회복할지 말지 결정하세요. 만약 객관적으로 바라보았을 때 부모가 서툴렀던 사람이라면, 최선을 다했지만 상처를 주게 된 것이라면 최소한의 도리만 하세요. 최선을 다해 나를 양육하며 애썼을 부모에게 후회하지 않을 만큼, 사람으로서 도리를 다하는 겁니다.

부모가 서툴렀을 뿐인데 자녀가 피해의식에 지나치게 사로잡힌 채 부모를 원수처럼 여기며 자라면 어떻게 될까요? 부모가 나름대로 최선을 다했지만 자녀가 부모의 실수를 공격으로 받아들인다면 정상적인 양육은 어려워집니다. 훈육을 하면서도 자녀가 싫어서 화를 내는 것이 아닌, 더 나은 사람이 될 수 있도록 돕는 과정임을 진정으로 이해시키는 것이 얼마나 어렵겠습니까?

게다가 부모에 대한 결핍과 상처를 이유로 엇나가는 자녀는 자신의 삶에 대한 불만을 모두 부모의 책임이라고 말하며 현실을 직시하지 않으려 합니다. 때로는 범죄를 저지르거나 부모를 폭행하는 패륜을 저지르기도 합니다. 그런 상황에서는 오히려 부모가 자식을 손절해야 하죠. 비극일지라도 서로를 지키기 위한 유일한 방법입니다.

사람들이 책을 읽고 다양한 강연을 들으며 끊임없이 성장하기 위해 애쓰는 까닭은 동물이 아닌 인간으로 살고 싶기 때문입니다. 인생에 지독한 악인이 끼어들 수도 있고, 의도하지 않았지만 나를 힘들게 하는 사람이 끼어들 수도 있죠. 그리고 그게 부모일 수도 있어요. 인생을 살아가며 만나는 모든 악인과 나에게 상처 준 사람에게 항상 복수해야 하는 건 아닙니다. 인간으로서 살아가기 위해 노력했던 시간을 모두 엎어 버리고 악인의 방식 그대로 되갚아 주는 것이 나의 마음을 지키는 유일한 방법은 아닐 겁니다. 상대방을 보지 않는 한이 있어도, 혹은 최소한의 도리만 하더라도 그들을 사람으로 대하는 것이 나의 인격을 지키는 일임을 기억하세요. 이미 일어난 비극을 모두 잊고 용서하라는 것이 아닙니다. 가족 내에서 내게 주어진 가장 작은 역할만큼은 온

전히 수행하라는 것입니다. 그것이 오히려 내 마음을 지키는 일

이자 나를 위한 선택일 수 있습니다.

비혼 1인 가구,
있는 그대로의 모습을
인정해 주어라

부모로부터 독립해 혼자 사는 사람 중에는 물리적으로는 집을 떠나 왔지만 정서적으로는 여전히 부모에게 붙잡혀 있다고 느끼는 분들이 많습니다. 결혼을 하지 않아서, 혼자 살아서 등등 다양한 이유로 부모의 걱정과 간섭, 기대와 실망을 고스란히 떠안는 것이죠. 성인이 된 지는 한참 된 것 같은데 여전히 부모의 그늘 아래에서 자기 자신을 증명하고 설명해야 한다는 강박을 느끼기도 합니다. 이렇다 보니 독립을 해도 한 것 같지 않다고 말하는 사람들도 있습니다. 물론 독립한 후에도 부모님과 자주 왕래하고 관계를 유지한다는 것은 가족 관계에 있어서 긍정적인 신호가 될 수 있습니다. 하지만 정신적, 물질적으로 독립해야 할 시기에 독립하지 못하고 부모와 가족에게 의지하며 살아가는 것은 개인의 성장과 관계에 독이 될 수 있습니다. 그러니 자녀가 독립할 때가 되면 부모도 자녀를 놓아주어야 하죠.

자녀를 독립시키는 일은 마음처럼 쉽지 않습니다. 혼자 잘해낼 것을 알면서도 혹시나 하는 마음에 걱정되는 것은 어찌할 도리가 없습니다. 그러다 보니 걱정으로 연락을 시작하게 되죠. 며칠 밤낮을 고민하다 전화를 걸면 잘 지내냐, 밥은 먹고 다니냐, 아픈 곳은 없냐 등등 걱정의 말부터 내뱉게 됩니다. 보고 싶은 마음과 자주 보러 오지 않는 자녀에게 서운한 마음이 불쑥 튀어나오기도 하죠. 문제는 부모의 서운한 마음이 자녀에게 닿을 때는 잔소리로 변한다는 겁니다. 자녀가 걱정되는 부모와 부모에게 인정받고 싶은 자녀의 욕구가 상반되기 때문입니다.

독립한 자녀는 부모의 품에서 벗어나 스스로 삶을 선택하며 살기를 원합니다. 나아가 부모가 그 삶을 인정하고 이해해 주길 바라죠. 그런데 부모와의 통화는 늘 물음표로 끝나니 여전히 인정받지 못했다는 생각에 무의식적으로 분노를 표출하거나 서운함을 느끼는 겁니다. 게다가 많은 사람이 부모로부터 "잘 살고 있다.", "지금의 너도 괜찮다.", "네가 자랑스럽다."와 같이 자신을 인정하고 응원하는 말을 들어 보지 못한 경우가 많습니다. 이는 부모가 자녀를 자랑스러워하지 않거나 부끄럽게 여기기 때문이 아니라, 말을 하지 않아도 알 것이라 생각하기 때문입니다. 하지만 부모가 입 밖으로 내뱉지 않으면 자식은 모릅니다. 그리고 평생 그 말을 기다리며 살아가죠. 그런 상황에서 부모가 밥은 먹고 다니냐, 잘 지내냐고 하면 '어련히 알아서 잘하고 있는데.' 하는 생각과 함께 자신이 여전히 미완성인 존재처럼 느껴지고, 여전히 부모님의 그늘 아래 있는 것처럼 느껴집니다. 불편한 마음을 숨기지 못해 서로 언성이 높아지거나 마음이 상하는 일도 비일비재하죠. 결국 전화를 받기 전부터 마음이 먼저 지치고, 연락을 미루게 됩니다.

그럴 땐 인정과 위로를 부모에게서만 얻으려 하지 마세요. 부모의 칭찬을 받지 못했다고 해서, 지금까지의 삶이 부정되는 것은 아닙니다. 이미 충분히 잘 살아왔고, 혼자서도 일상을 유지하며 버텨 왔으니 그것만으로도 존중받아 마땅한 삶이라는 것을 기억하세요. 그리고 부모에게 한 번쯤은 솔직하게 말해 보세요. 부모님의 어떤 말이 불편했고, 어떤 말이 필요했는지를 차분히 전하는 정도면 충분합니다. 이때 중요한 것은 기대하지 않는 것입니다. 사람은 쉽게 달라질 수 없는 존재입니다. 지금까지 살아온 방식을 버리고 한순간에 새로운 사람으로 변할 수는 없죠. 그래도 말하지 않으면 모를 나의 마음을 전하고 부모님이 자기 자신을 조금씩 바꿀 수 있도록 기다려 보세요. 그러다 보면 언젠가 꼭 듣고 싶었고 필요했던 그 말을, 부모님이 마음속에서 꺼내 줄 겁니다.

만약 부모 입장이라면 독립한 자녀에게 걱정의 말보다는 인정의 말을 전하세요. 스스로 삶을 잘 꾸리고 있는 것 같아 자랑스럽다고 말이죠. 대신 걱정되는 마음은 응원의 말로 전하는 겁니다. 그리고 잘 지내고 있는지 확인하며 질문하기보다는 잘 지내고 있다는 것을 전제로 응원하고, 혹시 그러지 못할 경우 도움을 청해도 된다는 마음을 보내세요. "혼자서도 잘하고 있지만, 그러다 너무 지치는 날에는 기대도 된단다. 항상 응원한다."라며 언제나 지지하며 지켜보고 있음을 전하세요. 무슨 일은 없는지 걱정하며 안절부절하기보다는 자녀가 먼저 손을 내밀 때까지 기다려 주는 겁니다. 자녀의 일거수일투족을 지켜보며 넘어지면 일으켜 세워 손을 털어 주고 약을 발라 주던 시기는 지났습니다. 이젠 스스로 해야 하는 시기입니다. 그러니 자녀의 곁에 있음을 알려 주며 응원을 전하되, 먼저 도움을 요청할 때까지 기다려 주세요.

비혼 1인 가구로 살아간다는 것은 자신의 삶을 직접 책임지고 있다는 의미에 가깝습니다. 부모의 기대에서 조금씩 벗어나는 과정은 쉽지 않지만, 꼭 필요한 일입니다. 이제는 부모의 목소리보다 자기 삶의 리듬을 믿으세요. 부모의 걱정 속에서가 아니라, 자신의 선택 위에서 살아가도 괜찮습니다. 그 삶은 이미 충분히 성공한 삶이고, 충분히 존중받아야 할 삶입니다.

이 나이 먹고도
형제와 비교당할 줄은
몰랐다

형제자매의 관계는 평생의 숙적이자 둘도 없는 친구 관계 같습니다. 문제는 형제자매와 사이가 좋건 나쁘건 비교라는 치명적인 행위에서 자유로운 사람은 생각보다 많지 않다는 것입니다. 심지어 성인이 되고, 중년에 접어들 때까지도 여전히 비교당하는 관계가 지속되면서 "내가 이 나이 먹고도 아직까지 비교당하면서 살 줄은 몰랐다."라고 말하는 사람도 있습니다. 형제 관계는 가족이라는 가장 기본적인 사회적 단위를 통해 사회를 경험하는 중요한 관계입니다. 다른 관계보다 독특하고 특별할 수밖에 없죠. 수명이 비슷하기에 부모보다 많은 시간을 공유하며 살아가는 데다, 이변이 없는 한 형제들은 문제 상황을 풀어 나가는 방식이나 성격이 비슷한 경우가 많습니다. 이렇다 보니 각자의 삶을 살면서 서로 질투하고, 경쟁하다가 돕기도 하는 애증의 관계로 나타나기도 합니다. 그 속에서 서로 다양한 영향을 주고받는 관계죠.

이렇다 보니 형제가 있는 게 좋은 일인지 나쁜 일인지 고민하게 됩니다. 형제가 있는 게 좋다고 말하는 사람은 대부분 형제와 친밀한 관계를 유지하고 있습니다. 반대로 형제가 있어서 힘들다고 말하는 사람 중에는 형제라는 존재 자체가 없었으면 더 좋았겠다는 섬뜩한 이야기를 할 만큼 형제와의 사이가 좋지 않은 사람도 있죠. 그런가 하면 외동이라 형제가 있었으면 좋겠다는 사람도 있습니다. 때로는 친구처럼 뛰어놀기도 하고, 때로는 서로를 위한 버팀목이 되며 의지할 수 있는 형제의 존재를 부러워하기도 합니다. 그만큼 형제는 다양한 역할을 수행하고, 다양한 관계성을 지닌 관계입니다. 따라서 서로 얼마나 이해하고 배려하는지, 어떤 역할을 수행하는지에 따라 관계도 각기 다른 방향으로 흐를 수 있죠.

이러한 형제 관계에서 가장 큰 걸림돌은 비교와 차별입니다.

형제는 많은 시간을 공유하고, 같은 환경에서 자랐다는 이유만으로 비교를 당하기 일쑤죠. 특히 비교를 당한 경험이 쌓이면 어디서 무엇을 얼마나 해내든 스스로 형제와 비교하며 좌절하기도 합니다. 비교당한 기억으로 상처받은 당사자와 달리 형제는 "부모님이 언제 우리를 비교하고 차별했느냐?"라고 말하니 속이 더 상하고 억울하죠. 우위를 점했던 사람은 그 사실을 눈치채지 못하는 겁니다.

자신도 모르게 자녀를 비교하며 상처를 준 부모도 자신이 자녀를 비교했다는 사실을 기억하는 경우가 드뭅니다. 깨물어서 아프지 않은 손가락은 없지만, 더 아픈 손가락과 덜 아픈 손가락은 분명히 있어요. 마찬가지로 안 예쁜 손가락과 더 예쁜 손가락도 있죠. 부모는 완전하거나 무결한 사람이 아닙니다. 부모도 사람이기에 나도 모르게 아이를 비교하기도 하고 실수도 할 수 있습니다. 물론 비교는 자녀에게 부정적인 영향을 주며, 비교당한 경험이 많은 사람은 평생 부모에게 인정받기 위해 치열하게 경쟁하거나 상처받은 마음을 안고 살기도 합니다. 하지만 부모가 상처를 주기 위해 일부러 그런 것이 아님을 기억해야 합니다. 그래야 비교 지옥과 경쟁에서 벗어날 수 있습니다.

단순히 '누가 무언가를 더 잘한다.', '누가 더 착하다.'와 같은 판단에서 시작되는 비교는 차별로 이어지기도 하는데, 차별을 느끼는 순간 부모와 자녀 관계뿐만 아니라 형제 관계도 금이 가기 시작합니다. 자녀가 차별받는다고 생각하는 요소는 부모의 시선, 말투, 손길, 재화를 분배하는 방식 등 다양합니다. 때로는 아주 작은 일로도 차별받는다고 느낄 수 있죠. 하지만 부모는 "우린 똑같이 대했는데 네가 혼자 그렇게 느끼는 거야."라고 말하며 자녀가 용기를 내어 한 말을 투정으로 치부해 버립니다. 결국 차별받는다고 느끼는 자녀는 결핍이 채워지거나 상처가 치유되기 전까지 스스로 온전하고 완전한 사람인지, 사랑받을 만한 사람인지, 다른 사람보다 나은 사람인지 되묻고 의심하죠. 이처럼 차별과 비교 속에서 성장한 사람들은 자라면서 눈치를 보게 되거나 예민해지기 때문에 살아가는 것이 피곤하다고 느끼기도 합니다.

이러한 비교와 차별은 가정에서 어떤 역할을 맡든 피할 수 없습니다. 맏이는 맏이라서, 막내는 막내라서 해내야 하는 역할이 있고, 그 과정에서 다른 형제들과 비교하게 되기 때문이죠. 게다가 비교와 차별이 일상적으로 행해진다면 겉으로 내색하지 않아도 속으로 서로를 견제하기도 합니다. 맏이가 맏이 역할을 제대로 하기에 좀 부족한 것 같을 때 둘째나 셋째가 맏이 자리를 채가는 경우도 있고, 형제가 망하면 겉으로는 딱하게 여기면서도 속으로는 자신도 모르게 약간 고소해하기도 합니다. 성장하는 내내 경쟁과 판단, 비교와 차별이 몸에 배었으니 어찌 보면 당연해 보이기도 합니다.

이렇게 형성된 인정 욕구는 사회에서 발산되기도 합니다. 인정받기 위해 남들보다 더 많은 에너지를 쓰며 노력하죠. 다른 사람에게 인정받기 위해 타인의 욕구에 맞춰 인생을 사는 사람도 있어요. 자신을 위한 자유로운 삶을 살지 못하는 거죠. 비교와 차별에 지쳤다면 자신이 이미 성장과 독립을 끝낸 어른임을 기억하세요. 부모, 형제 등 가족 관계만이 삶의 전부가 아닙니다. 이미 충분히 성장하여 독립적인 사회인으로 살고 있음을 인지하세요. 스스로 꾸린 관계, 직접 번 돈, 서로를 선택한 가족이 있잖아요.

그리고 '복귀 효과'에서 벗어나세요. 평소에는 가족에게 받았던 비교와 차별의 상처가 생각나지 않다가 명절에 본가에만 돌아가면 그 기억이 생생해지면서 예전으로 돌아가 차별받던 둘째, 비교당하던 셋째가 된다고 말하는 사람들이 있습니다. 성장하기 이전의 삶으로 다시 복귀하는 것이지요. 평소에는 부드럽고 다정하던 남편이 시댁에만 가면 남편이 아니라 '그 집 아들'로 돌변해서 손 하나 까딱 안 하고 누워만 있는 게 바로 복귀 효과입니다.

이러한 복귀 효과 때문에 형제 관계를 극복하지 못하고 있다면 상황과 현실을 조망하는 힘을 길러야 합니다. 자신의 역할을 가족 내에서 인정받아야 한다고 생각하지 마세요. 사람의 역할은 하나가 아닙니다. 직장에서의 역할, 친구 관계에서의 역할 등 사회적으로 다양한 역할이 있습니다. 그중 일부분이 삐걱거린다고 해서 모든 역할을 망칠 순 없습니다. 가족 관계의 무게를 덜어내는 일은 어렵습니다. 가족 관계 속 역할은 아주 어렸을 때부터 하나로 고정되는 경우가 많기에 비슷한 상황이 오면 자신이 그 역할을 맡아야 한다는 강한 충동을 느끼게 되기 때문이죠. 그런 사실을 충분히 인식하고 그 충동을 이겨 내기 위해 노력한다면 아무리 어려울지라도 해낼 수 있을 겁니다.

형제는 있으면 좋지만 없어도 괜찮은 존재입니다. 사회생활을 하다 보면 형제 같은 사람을 만나기도 하기 때문이죠. 친형제가 있다면 '형제 관계'에 대한 경험이 더 많은 상태로 사회생활을 시작하게 될 수 있지만, 친형제가 없더라도 사회적 형제 관계를 맺으며 형제 역할을 해 줄 사람을 언제든 찾을 수 있다는 겁니다.

무엇보다 스스로 멋진 사람이 되는 것이 중요합니다. 예를 들어 내가 경제적으로도 어느 정도 여유가 있고, 사회적으로도 인정받고 가정에서도 좋은 배우자, 좋은 부모가 되면 형제와의 관계 속 고정된 역할에서 벗어나기 어렵지 않아요. 스스로 이룬 것들을 보면 자존감이 높아지니 가족 관계에서의 결핍을 채우거나 상처를 치유하기 쉬워지죠. 또 성취감을 통해 자존감을 높이며 타인과 비교하지 않아도 있는 그대로의 자신을 스스로 인정할 수 있게 됩니다. 그러니 자기 자신을 인정하는 떳떳하고 멋진 사람이 될 수 있도록 노력해 보세요.

이때 인생의 승리자가 되는 것을 꿈꾸기보다 막춤을 춰도 나만의 춤을 추는 것을 목표로 달려 보세요. 자신을 위한, 스스로의 삶을 살아간다면 그것 또한 괜찮은 인생입니다. 결국 중요한 건 사회적인 시선에서의 성공이 아닌 자신의 삶에 얼마나 만족하느냐에 달린 거예요. 나와 경쟁하기 위해 덤비거나, 나를 이기기 위해 기를 쓰고 덤비는 형제가 있다면 속으로 혀를 끌끌 차고 잊어

버리면 그만입니다. 스스로 인정하고 만족하면 타인이 나를 비교하고 차별하며 기를 죽이려 해도 결코 주눅 들지 않고 나의 길을 갈 수 있을 겁니다.

자식의 부부 싸움이
다 자기 잘못이라는
노부모

미디어 속에서 자녀가 문제 상황에 처했거나 올바른 선택을 하지 않았을 때, 부모가 자녀에게 "네가 그렇게 된 건 다 내 탓이다."라고 말하며 스스로 탓하는 모습을 본 적 있나요? 자녀는 그런 말 하지 말라며 화를 내기도 하죠. 이러한 대화는 미디어가 아닌 실제 상황에서도 찾아보기 쉽습니다. 배우자와 다툰 자녀가 속이 상하기도 하고 어떻게 해야 할지 몰라서 한탄하면 부모가 '네가 그렇게 만날 부부 싸움을 하는 것도 다 내가 널 제대로 못 기른 탓이다.', '네가 그렇게 고집이 센 것도 내가 어릴 때 제대로 가르치지 못해서 그런 것이다.'라고 반응하는 거죠. 부모는 자녀가 갈등 상황, 문제 상황에 힘들어하는 것이 안타까워서 하는 말이겠지만, 자녀는 자신의 고민, 걱정을 말한 것이 부모의 상처를 건드린 것 같아 죄책감을 느낍니다. 그리고 이러한 죄책감이 쌓이다 보면 죄책감을 느끼게 하는 부모에게 화가 나기도 합니다. 결국 부모가 자신을 먼저 탓함으로써 자식으로 하여금 부모에 대한 불만을 꺼내지 못하게 하는 건 간접적으로 자신의 불만을 표현하는 수동 공격처럼 보이기도 합니다. 하지만 자녀의 일에 대해 자신을 탓하는 부모의 대부분은 수동 공격을 하려는 게 아닙니다. 죄책감을 느끼거나 불만을 말하기 어려워진다는 점에서 수동 공격처럼 느껴질 수는 있지만, 부모의 말 속에 담긴 진심을 있는 그대로 받아들여 보세요. 부모가 공격하려는 것이 아닌 자기 자신에 대한 아쉬움을 표현하며 미안하다는 말을 에둘러 표현함을 알 수 있을 겁니다.

최근 미디어 속 상담 프로그램에서는 부모에게 반드시 자녀한테 미안하다고 말하라고 합니다. 물론 잘못한 게 있으면 미안하다고 말을 해야죠. 하지만 제가 우려하는 건 사는 내내 미안하다고 말하는 '과잉 사과'입니다. 만약 자녀를 적절한 방식으로 돌보고 양육하지 못한 것 같아서 미안한 마음을 표현하고 싶다면

"나한테 이런 어려움이 있었고, 이런 노력을 했단다. 그 덕에 극복한 것도 있지만 부모로서 부족한 부분이 있었을 거야. 그럼에도 네가 엇나가지 않고 잘 자라 줘서 고맙다."라고 말해 보세요. 자녀의 마음에 짐을 얹는 대신 미안함과 고마움을 효과적으로 표현할 수 있습니다. 만에 하나 이런 표현을 익히지 못한 채 "다 내 탓이다. 내가 미안하다."라고 말하며 대화를 도돌이표로 반복하게 되면 자녀는 자기 자신을 유년 시절의 결핍에 매여 있는 사람으로 느끼게 되고, 부모는 평생 자녀에게 미안해하면서 그 값을 치르고 살게 됩니다.

부모는 자녀에게 아무리 많은 것을 해 주어도 못 해 준 것만 기억합니다. 양육하는 내내 아쉬웠던 점이 자꾸만 마음에 남고, 자녀에게 다가온 시련을 막아 주지 못한 것이, 자녀가 겪는 어려움을 해결해 줄 수 없는 것이 아쉬울 겁니다. '우리 아이가 저런 문제를 겪는 건 어느 시기에 내가 아이한테 이걸 해 주지 못해서 그런 거구나. 내가 좀 더 노력해야 했는데.'라는 방식으로 표현하는 것이죠. 물론 부모가 어느 시기에 아이를 적절히 양육하지 못해 문제를 겪을 수도 있습니다. 하지만 그게 모든 문제의 원인은 아닙니다. 자녀 또한 부모를 탓하기 위해 걱정이나 고민을 말하는 것이 아닌, 부모에게 공감과 격려, 조언을 얻고 싶어서 찾아왔을 겁니다. 부모를 믿고 고민을 나누는 자녀의 모습을 기특해하고, 부모에 대한 신뢰가 있음을 깨달으며 조금은 뿌듯함을 느끼세요. 그리고 죄책감에 휩싸여 미안해하기보다는 자녀의 앞날을 응원하고 함께 고민해 보세요. 자녀의 고민과 걱정에 공감하거나 해결해 주지 않고 일단 "내 탓이오."라고 하는 부모는 상황을 완전히 잘못 이해한 거예요. 조언이나 해결책이 거창하지 않아도 됩니다. 나이 든 부모가 자녀의 사회생활, 부부 관계에 대해 해결해 줄 수 있는 것이 얼마나 될까요? 다만 "아유, 그랬니? 힘들었겠네. 일단 와서 밥이라도 먼저 먹고 마저 이야기하자."라며 부모가 줄 수 있는 온기와 정을 나눠 주길 바라죠. 그러니 자녀는 부모를 신뢰하며 고민을 전하고 있음을 부모님께 분명히 전달하고, 상황을 타개할 방법을 모르지는 않지만 마음이 답답하다거나 조언이 필요하다는 등 부모에게 원하는 바를 함께 말해 보세요. 그리고 부모는 자녀의 마음에 공감하고 따뜻한 밥 한 끼 먹이고, 이야기를 잘 듣고 충분히 공감해 주는 거죠.

의지가 되기보다는
의존하고 싶어 하는
부모의 늪

사람들은 부모를 의지의 대상으로 여깁니다. 내가 태어나서 어른으로 자랄 때까지 기댈 수 있는 온전한 버팀목이라고 생각하는 거죠. 어른이 되면 부모로부터 정신적, 경제적 독립을 할 수 있을 거라 생각하지만 막상 어른이 되어 보면 부모의 감정적 보살핌이 필요한 때가 많습니다. 미디어에서 재현되는 부모의 상도 자녀에게 버팀목이 되어 주거나 문제를 해결해 주는 모습이죠. 그런데 모든 부모가 자녀의 버팀목이 되어 주는 것은 아닙니다. 오히려 자녀에게 의존하고 싶어 하는 부모도 있죠. 특히 가족 관계에서 갈등이 생겼을 때 자녀가 문제를 해결하길 바라는 부모도 흔히 찾아볼 수 있습니다. 예를 들어 부부가 갈등이 심해져 싸웠다고 가정해 봅시다. 이는 부부인 두 사람이 해결해야 하는 문제 상황입니다. 그런데 여기서 엄마가 자녀를 불러 놓고 "애, 너희 아빠가 어떻게 말했는지 아니?", "정말 못된 사람이지 않니?" 하고 하소연한다면 자녀는 부부 관계에 직간접적으로 개입하여 문제를 해결하기 위해 애쓰거나 눈치를 보게 됩니다. 부부인 두 사람의 문제에 자녀까지 개입해 세 사람의 문제가 된 것입니다. 이처럼 가족 관계에서 특정 두 사람의 문제에 제삼자가 개입하는 현상을 심리학에서는 '가족의 삼각관계화'라고 부릅니다. 문제는 부모의 갈등에 자녀가 개입할 경우, 자녀가 정서적으로 치우치게 되거나 세상에 대한 적대적 관계를 형성하게 되는 등 부정적 영향을 받는다는 겁니다. 그런 데다가 가족 내에서 형성된 삼각관계는 시간이 지날수록 다양한 상황에서 반복되고 강화되면서 자녀가 어른이 되고 나서도 영향을 미칩니다.

삼각관계는 분명히 부정적인 영향을 미치지만 때로는 감정을 해소하기도 합니다. 살다 보면 자신의 답답함을 털어놓지 않고는 못 배기는 순간이 있기도 하죠. 그러나 장기적으로 지속되며 정서적 줄기로 고착되어 버리면 이야기를 들어 주며 관계의 삼각관계에 끌어들여진 상대는 완전히 메말라 버립니다. 아무리 가족이라지만 자신의 일이 아닌 관계에 많은 시간과 체력을 쏟는 것은 몸도 마음도 지치는 일입니다. 게다가 부모가 점점 더 나이 들수록 정서적인 의존에 그치지 않고 많은 부분에서 의존하기 시작하니 자녀의 입장에서는 어깨의 짐이 점점 늘어나는 것처럼 느껴질 겁니다. 그러니 주기적으로 가족 관계를 돌아봐야 합니다. 둘만의 갈등에 다른 가족 구성원을 끌어들이고 있지는 않은지, 혹은 다른 이들의 갈등에 자신이 끼여 있지는 않은지 찬찬히 살펴보고 삼각관계에서 벗어나야 합니다.

부모 세대가 나이가 들면 자연스레 자신감이 떨어지고 친구가 줄어들면서 자녀에게 의지할 일이 많아지는 건 당연한 일입니다. 특히 공적인 업무를 처리할 때 복잡하거나 어렵다면 자식에게 부탁하기도 하고, 컴퓨터나 스마트폰 등 기기를 사용하는 것이 익숙지 않다면 자녀에게 사용법을 배우기도 하죠. 요즘 키오스크의 사용법을 몰라 주문을 어려워하는 중장년이 많아지고 있는데, 이처럼 다루기 어려운 것을 다루거나 배워야 할 때 의지하는 것은 당연한 일입니다. 어린 자녀가 제대로 걷지 못해 넘어지고 모르는 게 많아 이것저것 물어볼 때 부모가 기쁜 마음으로 걸음마를 뗄 수 있도록 돕고 궁금증을 해소해 준 것처럼 부모가 노쇠했을 때는 자녀도 기꺼이 지팡이가 되어 주어야 합니다. 이때 균형을 잡는 것이 중요합니다. 자녀에게 도움을 받을 수는 있지만 지나치게 의존한다면 부담을 주는 일입니다. 내일도 출근해야 하는 딸을 붙잡고 부모가 오늘 있었던 일을 하소연한다고 생각해 보세요. 그것도 어쩌다 한 번이 아니라 일주일에 두세 번씩 주기적으로 하소연한다면 딸이 얼마나 힘들고 피곤할지 짐작이 되나요? 그러니 자녀에 대한 정신적 의지를 줄이고 함께 기쁨과 슬픔, 행복과 분노를 나누되 독립적인 존재로 살아갈 수 있어야 합니다.

경제적 균형 또한 중요합니다. 자녀가 성인이 되어 직장에 다니거나 자리를 잡기 시작하면 부모에게 용돈 혹은 생활비를 주는 경우가 있습니다. 물론 부모가 자녀를 기르는 데 많은 비용과 체력, 사랑을 들인 것은 맞지만 이제 막 사회생활을 시작하는 이십 대 중후반, 겨우 자리 잡기 시작한 삼십 대 자식의 돈을 생활비로 쓴다는 것은 자녀에게 큰 부담을 안기는 일입니다. 특히 오십 대밖에 안 되었으면서 자식의 돈으로 생활한다는 건 특별한 사정이 있는 게 아닌 이상 자녀에게 큰 부담을 주는 일입니다. 부모도 스스로 능력이 닿는 한 최선을 다해서 일하고 자기 삶을 독립적으로 유지해야 해요. 게다가 정서적 의존과 경제적 의존은 대부분 동시에 일어납니다. 서로 정서적으로 긴밀히 연결되어 있다면 경제적인 부분에서 엮일 수밖에 없고, 반대로 경제적으로 의존하고 있다 보니 대부분의 생활을 자녀에게 의존하면서 정서적으로도 의존하게 되기도 하죠. 저는 자녀에게 용돈 혹은 생활비를 무리하게 받는 부모를 '착취적 부모'라고 말합니다. 자식이 부모의 부탁을 거절하기 쉽지 않다는 걸 악용해서 자식의 삶을 점령한 거나 다름없죠. 이는 의존이 아닌 착취라고 불러야 정확합니다. 자녀가 자신의 삶을 영위하지 못하고 외부 관계도 유지할 수 없는데 모든 삶을 부모를 부양하는 데 바쳐야 하는게 착취당하는 것이 아니면 무엇일까요?

부모의 의존이 부담스러운 자녀는 단단히 마음먹고 독립을 결정해야 합니다. 부모가 내 삶을 점령한 탓에 내 삶이 의존의 담요에 가려져서 도저히 빛이라곤 보이지 않는다면 아무리 부모라 할지라도 단호하게 밀어내세요. 자신의 삶을 부모에게 어느 정도까지 내어 줄 수 있는지 비율을 정하고 "딱 여기까지만 가능해요."라고 경계를 정하는 게 첫 번째입니다. 의존이 습관이 되어서 경계를 넘어가고 있다고는 생각조차 못 하는 부모도 있습니다. 그럴 때 경계를 넘었다는 걸 분명하게 지적해야 부모도 '아, 내가 과도하게 의지하고 있었구나.' 하고 스스로 깨달을 수 있어요. 차 갑고 냉정할수록 가족 관계의 순기능을 되찾을 수 있는 겁니다.

다만 부모의 의존이 과한 것인지, 자신이 가족의 일원으로서 부여된 역할을 내팽개치고 싶은 것은 아닌지 고민해 볼 필요도 있습니다. 부모로서 지당하게 의존할 수밖에 없는 일을 매몰차 게 거절하는 건 자녀로서 받았던 사랑과 헌신을 돌려주지 않는 비겁한 일이죠. 그러니 균형을 지키며 자기 자신을 잃어버리지 않을 정도로 명확한 경계를 지으세요. 그리고 경계를 넘지 않는 요청에 대해서는 최대한 돕는 상호적이고 건강한 관계를 유지하 는 게 건강한 가족 관계를 위한 비결입니다.

과도하게 의지하는
거머리 가족 판별법

A 씨는 올해 사십 대가 된 미혼 여성으로, 네 명의 가족과 함께 살고 있습니다. 아버지, 어머니, 언니와 남동생으로 이뤄진 A 씨의 가족 중 소득이 있는 사람은 A 씨뿐입니다. 부모님을 비롯해 평생 일을 해 본 적 없는 언니와 남동생까지 A 씨가 책임져야 했죠. A 씨는 열아홉 살에 첫 아르바이트를 시작해 마흔이 넘은 지금도 새벽에 일어나 일을 하러 가서는 자정이 넘어서야 집에 들어옵니다.

집안의 생계를 책임지는 가장이 된 A 씨는 다른 가족들의 의지 대상이기도 합니다. 부모님은 병원을 가거나 밥을 먹을 때, 심지어는 별일이 없더라도 A 씨에게 전화합니다. '아프다.', '먹을 것이 없다.', '비가 온다.' 등 다양한 이유로 시도 때도 없이 전화하죠. 언니와 동생은 돈이 필요할 때마다 A 씨에게 연락합니다. 오만 원, 십만 원 내어 주다 보면 A 씨가 써야 할 돈을 아껴야 했죠. 가족들이 A 씨만을 바라보고 있으니 때로는 힘들고 짜증 나기도 하지만, 결국 A 씨는 매일 일을 하러 나갑니다.

A 씨가 미혼인 데는 이유가 있습니다. A 씨의 어머니는 A 씨에게 남자 친구가 생길 기미가 보이면 "남자를 믿으면 안 된다.", "남자가 네 인생을 망칠 것이다."라고 말합니다. 심지어 A 씨의 휴대 전화를 뒤져 남자 친구에게 전화를 걸어 "우리 A는 너 같은 놈이랑은 결혼 안 시킨다."라고 말하기도 했죠. 결국 A 씨는 새로운 가족을 꾸리지도 못한 채 가족들의 곁에 남아 있게 되었습니다.

이처럼 가족의 중심이 되는 사람에게 붙어 정서적, 경제적으로 의지하는 가족을 '거머리 가족'이라 부릅니다. 가족이기에 거절하지 못하는 다정한 사람들의 인생을 착즙하고, 청춘을 흡혈하는 사람들이죠. 조금만 소홀하게 대해도 죄책감을 주입하고, 가족을 떠나 독립하려는 낌새가 보이면 앓아눕거나 자해를 시도

하는 경우도 있습니다. 평생을 자신의 옆에 두고 정서적으로 갉아먹고, 경제적으로 의지하는 것이죠. 시간이 지날수록 족쇄처럼 조여 오며 발목을 잡는 가족들에게서 벗어날 수 없는 이유는 무엇일까요?

착취하는 가족에게서 벗어나지 못하고 오히려 가족을 계속 부양하는 사람들은 대개 '구원자 콤플렉스Savior Complex'와 연관되어 있습니다. 구원자 콤플렉스란 다른 사람이 겪는 문제를 대신 해결하거나 치유하여 그 사람을 구원하려는 욕구입니다. 타인을 돕기 위해 희생하면서 자신의 고통은 외면하고 오로지 문제를 해결하는 데 몰두하는 것이 특징입니다. 구원자 콤플렉스를 가진 사람은 가족으로부터 정서적으로 독립하려 하면, 마음 깊은 곳에서 '내가 나쁜 자식이 되는 건 아닐까?' 하는 강한 죄책감을 느낍니다. 죄책감이 자신의 선한 심성에서 시작된 것인지, 가족의 가스라이팅으로 생긴 것인지 명확하게 구분하기는 어렵지만, 이런 생각이 강하게 들수록 자책은 커지고 돌봐야 하는 가족과는 더욱 밀착하게 됩니다. 이런 '다정한 인류'는 부모를 실망시키거나 고통스럽게 만드는 걸 견디기 힘들어하고 독립 자체를 나쁜 일로 여기며 독립을 꿈꾸는 자기 자신을 비난합니다. 미성숙하거나 취약한 가족을 어떻게 해서든 살펴 구원해야 한다는 책임감을 느끼고, 이 집에서는 자신이 그 일을 할 수밖에 없다고 생각하지요. 이런 사람들은 가족을 행복하게 만들고 성장시키는 것이 자신의 의무라고 생각하며 심리적 부담을 자처합니다. 기꺼이 십자가에 매달리겠다는 선언이지요. 물론 때로는 눈떠 보니 못 박혀 있는, 원치 않게 못 박힌 자들도 있습니다.

가족이 자신에게 과도하게 의지하고 있음을 알면서도 가족의 곁을 벗어나지 못하는 이유 중 하나는 무언가를 성취해야 인정을 받았던 성장 환경 때문입니다. 어릴 때부터 부모의 기대를 충족시켜야만 착한 아들, 착한 딸로 인정받고 사랑받을 수 있는 환경에서 자란 경우 '나는 쓸모가 있어야만 사랑받는다.'라는 신념이 형성됩니다. 이런 신념을 갖게 되면 가족을 위해 헌신함으로써 인정받고자 합니다.

자기애적 부모나 통제적인 분위기 속에서 성장한 사람들도 가족에게서 벗어나기 어려워합니다. 이런 사람들은 '내가 더 잘하면 가족이 나를 좋아할 거야.'라는 희망으로 착취 관계를 유지합니다. 하지만 가족들이 고마워하는 것도 잠시일 뿐, 점점 익숙해지며 당연하게 여기기도 합니다. 결국 일방적 희생으로 관계가 끝을 맺게 되죠. 찰리 채플린은 인생이 멀리서 보면 희극이고 가까이서 보면 비극이라 했습니다만, 거머리 가족도 마찬가지입니다. 멀리서 보면 함께 행복한 삶을 그려 나가는 가족처럼 보이지만 한 사람이 다른 가족들을 위해 희생하며 고통받는 것이죠. 가족 관계에서 누군가 희생하고 있다면 가족을 위해 당연히 해야 할 일이라고 생각하지 말고, 반드시 멀리서 객관적으로 바라보세요. 한 사람에게 기꺼이 빨대를 꽂는 사람은 없는지, 희생하는 사람이 고통을 받으면서도 스스로를 다그치며 고통을 감내하고 있지는 않은지 살펴야 합니다. 다만 가족에게 의지하는 모든 혈연이 지옥인 것은 아님을 기억해야 합니다. 건강한 의존은 돌보는 자에게 힘과 보람이 되고, 의지하는 자에게 감사와 안정이 됩니다. 그러니 버려야 하는 가족인지를 판단하기 위한 기준이 필요하죠. 가족과의 관계에서 관계를 끝내야 할지 이어 갈지 판단하는 기준은 단순한 감정이 아니라, 지속적이고 구조적인 해악이 존재하는지를 중심으로 구분할 수 있습니다. 다음의 항목들 중 해당하는 것이 있는지 체크해 보세요.

거머리 가족 판별법

번호	내용	체크
1	가족과 함께 있으면 모든 상황이 내 탓처럼 느껴지고, 내가 이상한 사람이 된 것 같다.	
2	지나친 비난이나 조롱을 농담으로 포장한다.	
3	원하는 것이 있다면 죄책감, 의무감, 수치심을 느끼게 하며 조종한다.	
4	책임을 회피하거나 부인하는 일이 반복적으로 일어난다.	
5	실수를 하더라도 사과하거나 반성하지 않는다.	
6	관계를 유지할수록 자존감이 낮아진다.	
7	"넌 가족이니까 당연히…."라는 말을 자주 한다.	
8	금전적 도움을 계속해서 요구한다.	

9	직업, 인간관계, 연애 등 자율적 선택이 가능한 부분에 대해서도 최대한 간섭하려 한다.
10	가족과 함께 시간을 보내고 나면 지속적으로 무력감을 느끼거나 스스로를 비난하게 된다.
11	폭언, 폭력을 비롯한 위협적인 행동을 반복한다.
12	상담 전문가가 관계 단절을 권고한다.

기꺼이 모욕감을 주고 비난을 일삼으며 지속적으로 가스라이팅하는 것은 정서적 학대입니다. 또 대화가 불가능한 상태에서 책임을 회피하고 건강한 변화를 거부하면서 상습적인 갈등이 유발되면 가족 관계가 건강하지 않은 것이죠. 사생활을 아무렇지 않게 침범하고 금전과 감정을 상습적으로 갈취한다면 경계 침해입니다. 그리고 경계가 흐릿해지면 관계는 붕괴되기 마련이죠. 무엇보다 독립을 방해하고, 자존감을 스스럼없이 파괴하는

가족에게서는 빠르게 벗어나야 합니다.

　가족과 건강한 관계 유지를 위한 거리 조절이 어렵다면 기억하세요. 가족이 나의 모든 것을 원한다면, 그건 사랑과 의지가 아닌 착취입니다. 그런 가족은 당신에게 무엇이 남아 있는지, 당신이 무엇을 감내하고 있는지 조금도 생각하지 않습니다. 더 많이 주지 않는 당신을 원망하지요. 가족이 당신을 착취하고 있음을 알아채는 것, 그리고 그런 가족과 거리를 두는 것은 당신의 선택에 달렸습니다.

　가족은 혈연으로만 이루어진 관계를 의미하지 않습니다. 직장을 다니고, 친구를 만나고, 상담을 받을 때도 사회적 가족이 형성됩니다. 혈연으로 이루어진 가족이 늘 좋은 가족이라고는 말할 수 없습니다. 또 사회적 가족이 무의미한 관계라고도 말할 수 없습니다. 때로는 혈연으로 이어진 가족이 사회적 가족만 못하고, 오히려 사회적 가족이 혈연의 늪에서 나를 구원할 수도 있죠. 그러니 가족이 너무 버겁다면 가족과 자신의 관계를 되돌아보며 지금의 삶이 건강한 삶인지, 관계를 이어 가는 것이 맞을지 고민해 보세요. 그리고 사회적 가족에게 조언을 구하세요. 혈연은 결코 답할 수 없는 것을 그들이 알려 줄 겁니다. 남이기에 할 수 있는 이야기가 때로는 인생의 정답인 경우가 많습니다. 건강하지 않은 가족의 홀리는 말, 자기 이익을 위해 요구하는 희생의 말이 아니라 이익에서 멀리 떨어져 나를 위한 조언을 해 줄 수 있는 사람, 나를 멀리서 봐 줄 수 있는 사람들의 말에 귀를 기울이기 바랍니다.

연세대학교 명예 교수이신 김형석 교수님께서 저와 함께 방송을 하실 때, "자식을 사랑한다는 것은 무엇인가요?"라는 질문에 "자식을 사랑한다는 것은 그의 자유를 사랑하는 것입니다."라고 답한 적이 있습니다. 이 말은 지금까지 오랫동안 제 뇌리에 남아 있습니다. 자식의 납득할 수 없는 부분까지도 살펴볼 수 있어야 한다는 말일 겁니다. 그렇다면 '가족을 사랑한다는 것'은 무엇일까요? 가족이니까 참아야 한다는 식으로 고통을 미화해서는 안 될 겁니다. 좋은 가족은 관계를 통해 성장과 안전을 보장합니다. 지속적 피해와 자기 상실이 동반되는 관계를 끊는 일은 비인간적이거나 비도덕적인 것이 아니라 가장 인간적인 자기 보호의 형태임을 기억하세요. 가족 관계에 경계를 긋는 등 가족의 구조를 바꾸는 일이 너무 어렵게 느껴지고 지쳐서 무엇도 할 수 없다는 생각이 들 때는 심리상담사나 정신건강전문가와 논의하며 정

신 건강을 회복하고, 관계의 경계를 설정하는 방식을 함께 고민

하며 결정하시기 바랍니다.

부모의 목소리보다 자기 삶의 리듬을 믿으세요.
부모의 걱정 속에서가 아니라,
자신의 선택 위에서 살아가도 괜찮습니다.
그 삶은 이미 충분히 성공한 삶이고,
충분히 존중받아야 할 삶입니다.

3장

어릴 땐
눈에 넣어도
안 아플 줄 알았지
- 자식

만족 지연은 미래에 보상받을 기쁨을 기대하며 긴 고통을 견디는 힘을 의미합니다. 생각해 보면 자녀를 양육하는 일은 긴 시간을 기다렸다가 잠시 기쁘기를 반복하는 일입니다. 선뜻 이름을 붙이며 사랑을 약속했지만, 그 약속은 생각보다 많은 것을 감내해야 하는 일이었죠. 때로는 자녀의 반항에 상처받기도 하고, 수없이 바라보고 함께했지만 이해할 수 없는 존재가 된 듯해 서운하기도 한 시간을 보냅니다. 희한한 것은 시간이 지나면서 이상하리만큼 자녀와 함께한 모든 순간이 행복했다고 회상하게 된다는 점입니다. 내 젊음의 색이 바래는 것도 모른 채 다짐이었는지 의무였는지 기쁨이었는지 후회였는지 모를 세월이 흐르는 사이 자녀들은 어느새 성인이 됩니다.

토하고 설사하는 불덩어리 아이를 안고 응급실로 달려가던 간절함도, 말을 듣지 않아 결국 소리를 지른 날의 후회도, 말썽꾸러기가 저지른 일을 처리하다 배우자와 다투었던 기억도 주마등처럼 지나갑니다. 언제 지나간 지도 모르게 세월은 흐르고, 언제 컸는지 모를 자식은 수염이 나거나 소녀를 넘어 아가씨가 되어 갑니다. 어릴 땐 어린 대로 사랑스럽고 크면 큰 대로 기특한 부분이 있지요.

물론 못난이 자식도 있습니다. 허구한 날 말썽을 부려 크고 작게 들인 돈을 합치면 차 한 대쯤은 너끈히 뽑았을 겁니다. 손이 발이 되도록 빌던 날도 있고, 이 자식이 누구를 닮아 이러는지 밤새 생각해 본 적도 있지요. 기숙 학교를 보내 버릴까 생각하기도 했지만, 아침에 눈곱을 떼며 밥 먹는 걸 보면 어느새 그 생각이 쏙 들어갑니다. 소리 지르며 대들던 아이일지라도 울고 있으면 무슨 일이라도 있나 싶어 궁금함과 걱정이 목까지 차오르죠. 그럼에도 쉽게 다가가 묻지도 못하고 안절부절 속을 태우던 날도 있습니다.

아무리 사고를 치고 대드는 아이일지라도 가만히 보고 있자면 눈에 넣어도 안 아플 거라고 생각하게 되죠. 하지만 현실은 어떻던가요? 속눈썹만 들어가도 하루종일 쩔쩔매면서 이걸 어찌 빼야 할지 안달을 내고, 비벼도 보고, 눈동자를 요리조리 돌리며 해법을 찾지요. 눈에 넣어도 안 아플 만큼 사랑하는 자식이지만, 수많은 시간을 보내다 보면 아픈 순간이 옵니다. 착한 아이는 괴롭힘을 당할까 봐 걱정, 장난꾸러기는 다른 사람에게 해를 끼칠까 봐 걱정, 아픈 아이는 학교도 졸업하지 못할까 봐 걱정, 나쁜 아이는 집에 안 들어올까 봐 걱정입니다. 그 모든 순간 부모는 속눈썹이 눈에 들어간 듯 작은 것에도 크게 반응하며 마음 아파하죠. 아이가 성인이 되어 독립하면 걱정이 사라지고 마음이 편해질까 싶지만, 아닙니다. 사랑에 울고, 취업에 좌절하고, 아이에 안달복달하는 자녀를 보면 걱정은 끊이지 않습니다.

출생에서 노화에 이르기까지 부모는 자식을 걱정하고, 자식을 위해 무엇이든 해야 하는 숙명일까요? 꼭 그렇지만은 않습니다. 성인이 된 자녀는 본인의 상황에 따라 부모의 손을 놓기도 하고, 부모 이용권이 소진되면 발길이 뜸해지기도 합니다. 자녀가 원하는 대로 다 주는 부모는 무시당하고, 그보다 더 주는 부모는 이용당하죠. 자녀의 독립을 돕고 싶고, 자녀를 진정으로 위한다면 자녀에게 모든 것을 내주기보다는 자녀가 홀로 설 수 있도록 때로는 지켜보고, 도움이 필요하다 싶을 때 손을 내밀어야 합니다. 뜨겁게 사랑하며 모든 것을 내어 줄 때는 언제인가, 그리고 차갑게 사랑하며 거절해야 할 때는 언제인가 고민해야 하는 것이죠. 3장에서는 눈에 넣어도 아프지 않지만, 때로는 상처를 주고받는 자녀와 부모의 관계에 대해 이야기하려 합니다. 성인이 되어 온전한 사회인으로서 세상을 살아갈 수 있도록 돕는 방법은 무엇인지, 부모가 스스로 갉아먹지 않으면서 자녀에게 사랑을 표현하는 방법은 무엇인지, 나아가 자녀와 원만한 관계를 유지하기 위해서는 어떻게 해야 하는지 알아봅시다.

자식에게
모든 걸
내주지 마라

자, 생각해 봅시다. 사람은 언제부터 부모가 될까요? 사람들은 연인이 되어 사랑이 깊어지고 새로운 생명이 찾아오면 부모가 될 준비를 합니다. 일단 아이에 대해 막연한 상상을 하기 시작합니다. 아이를 갖고자 하는 사람들은 아이의 생김새, 성별, 지능, 성격 등 모든 것을 상상하고 최상의 조합으로 아이를 그려 봅니다. 물론 실제로 아이를 마주했을 때, 결과는 좀 다를 수 있지요. '아이가 생기면'이라는 말이 누군가에게는 기대이고 누군가에게는 불안이겠지만, 모두 부모가 될 자신을 돌아보게 되는 말이기도 합니다.

기대와 사랑, 관심 속에서 태어난 아이들은 참 빨리도 자랍니다. 태어나 첫 예방 접종도 잠시, 신생아는 배밀이와 옹알이를 하다 곧 돌을 맞이하고, 사회적 행동을 하죠. 사회적 행동은 아주 어린 시절부터 시작됩니다. 생후 2~3개월이 되면 부모나 주변 사람을 보며 미소를 보이고, 눈을 맞추며 표정에 반응하지요. 생후 6~9개월이 되면 얼굴을 인식하며 낯가림이 시작되고, 의미 있는 단어나 문장에 반응하며 기초적인 상호 작용을 합니다. 이때부터는 양육자와 애착을 형성하면서 타인의 행동을 모방하기도 하고, 까꿍 놀이 같은 단순한 사회적 놀이가 가능합니다. 생후 24개월 정도 되면 장난감을 나눠 갖고 함께 놀며 감정 표현을 할 수 있고, 자아가 형성되며 '내 거야.', '내가 할 거야.' 하는 소리가 커지게 됩니다. 생후 36개월쯤 지나면 또래와 적극적으로 상호 작용하며 협력 놀이, 집단 활동 등 복잡한 사회적 기술을 습득하기 시작하죠.

이처럼 아이가 자아를 갖고 의견을 표현하기 시작하는 시기부터 '훈육'이 시작됩니다. '사람을 때리면 안 된다.', '물건을 던지면 안 된다.', '공공장소에서 뛰어다니거나 큰 소리로 말하면 안 된다.' 등 사회의 도덕과 예절, 규칙 등을 가르치며 사회인이 될 수 있도록 돕는 것입니다. 사회인이 된다는 말은 부모의 품을 떠날 준비를 한다는 것이지요. 사회인이 되는 과정은 꽤 낯설고 때로는 혹독하기도 합니다. 가정과 보육, 교육을 거치며 규칙을 익힌 아이는 스스로 방을 청소하고, 자신이 먹은 그릇은 싱크대에 가져다 놓고, 조금 불편할지라도 제자리에 앉아 수업을 듣고, 제때 숙제를 하며 가족의 약속, 사회적 약속을 이행합니다. 혼이 나기도 하고, 칭찬을 받기도 하면서 아이는 사회인으로서 성장하죠.

아이를 사회인으로 성장시키기 위해 훈육을 할 시기가 다가오면 부모는 자식에 대한 온도를 조정해야 합니다. 온 마음을 다해 뜨겁게 사랑할 것인지, 건강한 성장을 위한 좌절을 경험하게 할 것인지 결정해야 하죠. 훈육은 부모가 마음을 단단히 다잡아야만 가능한, 일종의 '차갑게 사랑하는' 태도에서 비롯됩니다. 부모는 아이가 원하는 것을 모두 들어주고 싶지만, 부모의 그늘에서 벗어나 사회인으로서 살아갈 아이는 사회의 규칙과 도덕을 배워야 합니다. 그러니 어린 시절부터 '최적의 좌절'을 경험하며 사회인으로서의 자질을 갖춰 나가야 하죠. 최적의 좌절이란 아이가 감당할 수 있는 수준에서 현실의 벽을 경험하는 것입니다.

부모의 역할은 언뜻 따뜻하기만 해야 할 것 같지만, 아이가 성장하고 자립하도록 하는 과정에서는 최적의 좌절을 맛볼 수 있도록 지켜보는 냉철함이 필요하지요. 예를 들어, 아이가 충분히 과자를 먹었음에도 과자를 더 먹고 싶어 하거나 취침 시간이 지나서까지 더 놀고 싶다고 조를 때 부모는 단호하게 안 된다고 말해야 합니다. 아이는 자기 편이라고 믿으며 의지했던 대상에게 거절과 제지의 말을 들으며 좌절을 경험하죠. 건강한 목표를 향한 좌절 경험이 일관적으로 반복될 때 아이는 인내력과 자기 조절력을 비롯해 삶에서 필수적인 회복탄력성을 기를 수 있습니다.

사랑하는 자녀에게 내가 갖지 못한 것까지 다 해 주고 싶겠지만, 즉각적이고 과도한 도움을 제공하는 대신 아이가 스스로 감정을 다스릴 시간을 주고, 다시 한번 시도할 수 있도록 기다려야 합니다. 아이가 쌓은 모래성이 무너졌을 때 다시 쌓아 주는 것이 아니라 격려와 칭찬을 건네어 스스로 문제를 해결하며 최적의 좌절을 경험할 수 있도록 하는 것이죠. 부모의 냉정함이 애착 관계를 해치지는 않을까, 자녀의 자존감을 꺾어 버리지는 않을까 걱정될 수 있습니다. 하지만 차갑게 사랑하는 훈육은 오히려 깊은 신뢰와 자립심, 자신감의 씨앗이 됩니다. 아이는 자신이 원하는 대로 흘러가지 않는 세상에서 불가피한 좌절을 크고 작게 경험하며 분노와 짜증, 실망의 파도를 헤치고 진정한 행복에 다가가지요. 그것이 바로 부모가 아이에게 줄 수 있는 가장 큰 선물입니다. 아이가 인생의 바다에서 냉철한 사랑을 나침반 삼아 당당히 나아가도록 돕는 것이죠.

아이가 성장하며 차가운 사랑의 크기는 좀 더 커집니다. 사춘기에 들어선 아이들은 키와 덩치는 커지는데, 말수는 줄어들고, 부모의 얼굴보다 스마트폰 화면을 들여다보는 시간이 더 긴 듯 보입니다. 질풍노도의 시기를 건너며 스스로도 괴로워 보이지만, 이를 지켜보는 부모 또한 매우 혼란스럽습니다. 말을 듣지 않고 마음대로 하려는 아이를 과하게 다그쳤다가 가출이라도 하면 어쩌나, 요즘 아이들은 도박, 마약 등 범죄에 노출되기도 쉽다는데 무슨 일이라도 나면 어쩌나 싶어 불안이 높아지기도 합니다. 그럴 땐 아이의 옆에서 묵묵히 아이를 지켜보세요. 이전엔 아이 앞에서 길을 비춰 주는 자였다면, 이제는 침묵의 동반자이자 그림자를 읽어 주는 상담자가 되세요. 억지로 다가가 말을 나누기 위해 노력하기보다는 아이가 다가오면 반응하고, 요청할 때 응답하는 것입니다. 도무지 알 수 없는 아이들의 세계를 바라보고 있노라면 순종적이었던 그 시절의 아이로 되돌리려 무엇이든 하고 싶죠. 이성 교제는 성인이 되어서 했으면 좋겠는데 누구를 닮았는지 사랑에 빠르게 눈을 뜨니 환장하겠고, 어린 시절 부모가 겪었던 친구 관계의 어려움을 비슷하게 겪고 있는 아이를 보면 눈이 뒤집히고, 성적표를 보고 있자면 속이 터집니다. 그래서 소리를 지르기도 하고, 용돈이나 스마트폰을 없앤다고 협박을 하기도 했을 겁니다. 하지만 사춘기 때 지나친 개입은 화를 부릅니다. 그러니 조금은 기다려야 합니다. 때로는 시간이, 아이들의 지혜가, 운이 해결해 줄 겁니다. 조용히 지켜보며 개입해야 하는 일이 있는지 살피세요. 그러고는 넌지시 "별일 없니? 요즘 기분은 좀 어때? 무슨 일 있으면 꼭 얘기해. 네 일이라면 엄마, 아빠가 가장 먼저 달려갈 테니까. 알았지?"라고 말하며 옆에서 든든히 지키고 있음을 알려 주세요.

기다리는 일은 몹시 힘든 일이지만, 부모는 자녀가 자랄수록 점점 더 많이 기다리게 될 겁니다. 아이가 성인이 되면 아이의 활동 반경이 넓어지고, 귀가 시간은 늦어지고, 연인이나 친구 등 모르는 관계도 생길 겁니다. 이는 매우 당연한 일이자 자녀의 인생에서 '하이라이트'가 다가오고 있다는 신호입니다. 그 하이라이트의 주인공은 자녀이니, 부모는 자녀의 인생 무대에서 내려와야 합니다. 연출자의 거룩한 퇴장이지요.

우리는 차갑게 사랑할 때를 선택해야 합니다. 겉으로 보기에는 냉정해 보이나 마음속에는 뜨거운 사랑이 있죠. 그렇게 해야만 아이가 홀로 설 수 있다는 걸 아는 부모만이 가질 수 있는 차가움이죠. 차가운 자가 더 아프고 냉정한 자가 더 고통스러운, 그러나 울었던 자는 성장하고 반드시 자신의 길을 멋지게 걸어가고야마는 바로 그 사랑의 얼음장입니다. 넘어진 아이도 엄마가 바라보고만 있고 일으켜 주지 않으면 스스로 일어서 무릎의 먼지를 털어 내고는 제 발로 일어납니다. 주사가 싫다며 한참을 울며 떼를 쓰던 아이도 결국 주사를 맞게 되죠. 울면서 자신이 원하는 걸 해 주지 않는다고 소리를 지르는 아이도 언젠가는 울음을 멈추고, 상황을 인정한 채 차선을 찾기 시작합니다. 차가운 사랑은 결국 건강한 경계를 위한 더 뜨거운 사랑입니다. 때로는 더 사랑하는 자가 더 차갑다는 것을 기억하세요.

스마트폰 보느라 부모를 무시하는 요즘 자식들

'퍼빙Phubbing'이라는 말, 알고 계신가요? 스마트폰Phone과 무시한다는 뜻의 스너빙Snubbing을 합친 단어입니다. 스마트폰에 지나치게 몰두한 나머지 주변 사람은 신경도 쓰지 않고 완전히 무시하는 사람이 많아지며 등장한 신조어죠. 가족 관계에서도 퍼빙이 문제가 되는 순간이 무척 많습니다. 특히 스마트폰을 하고 있을 때 부모가 말을 걸면 듣는 둥 마는 둥 건성으로 대답하는 자녀들이 많아졌습니다. 게임, 웹 서핑 등을 하고 싶은데 부모가 말을 걸면 귀찮게 느껴지면서 '내가 왜 엄마, 아빠랑 대화를 해야 하지?', '진짜 나를 사랑하는 부모면 말 안 해도 알아서 다 해 줘야 하는 거 아냐?'라고 생각하는 거죠. 스마트폰에 익숙한 디지털 네이티브 세대라고 하지만 그대로 내버려 두면 중학생 정도만 되어도 부모가 통제하기 어려워집니다. 대체 부모는 어떻게 해야 할까요?

생각해 보면 자식뿐 아니라 부모 세대도 스마트폰에 너무 익숙해진 나머지 종일 스마트폰에 빠져 있는 사람이 많습니다. 다만 그것에 지나치게 몰두해서 주변을 무시하고, 가족 내에서 맡은 역할을 방기하는 사람은 자녀 세대보다 확연히 적죠. 왜 그런 차이가 있는 걸까요?

부모 세대는 성장기일 때 공기놀이, 술래잡기 등 아날로그 형태의 놀이를 주로 했습니다. 컴퓨터 혹은 스마트폰이 있었던 젊은 부모 세대도 끽해 봐야 애니팡 같은 간단한 게임을 즐기며 시간을 보냈죠. 그런데 자녀 세대는 태어날 때부터 심신의 일부가 스마트폰이었습니다. 2010년부터 2024년 사이에 태어난 알파 세대와 그 이후의 베타 세대는 태어나자마자 수많은 전자 기기를 접한 세대입니다. 이들을 낳은 밀레니얼 세대는 스마트폰으로 태교를 한 첫 세대죠. 결국 알파 세대, 베타 세대는 옹알이와 동시에 스마트폰의 화면을 조작하는 방법을 배운 세대인데,

과연 이들이 자신의 의지만으로 스마트폰으로부터 자유로울 수 있을까요?

이러한 문제는 스마트폰에 대한 부모와 자녀의 인식이 전혀 다르다는 것을 이해해야만 비로소 문제 해결의 단초가 잡힙니다. 저는 스마트폰이 일종의 사차원적 물건이라고 생각합니다. 따라서 삼차원적 세계만 이해할 수 있는 부모가 사차원적 물건을 활용하는 자녀의 상황을 온전히 이해하기는 어렵다고 보는 입장입니다. 그러니 자녀가 스마트폰을 하는 것에 대해 이해하려고 하지 말고, 나와 달리 자녀에게는 스마트폰이 중요한 물건일 거라 생각하며 마음을 조금 가볍게 가지세요. 그러고 나서 스마트폰 사용 문제에 접근해야 자녀와의 불필요한 불화를 줄일 수 있습니다.

먼저, 일상생활을 영위할 수 없을 정도로 스마트폰에만 몰두하는 아이는 부모가 가정 내에서 어떻게 할 도리가 없습니다. 병원에 가는 게 가장 확실하고 정확한 방법입니다. 떠올려 보세요. 스마트폰 하느라 밥도 안 먹고, 학교도 가기 싫어하고, 귀에 들리는 것도 없는지 대답도 안 하고 종일 신경질만 내는 아이를 부모가 고칠 수 있을까요? 이 경우, 이미 스마트폰에 중독된 상태입니다. 전문가의 도움 없이 중독 상태에서 벗어나는 것은 쉽지 않은 일입니다. 아이와 함께 병원을 방문하여 전문가의 도움을 받으세요.

그렇다면 밥도 잘 먹고, 학교나 학원도 잘 다녀오는데 종일 스마트폰에 붙들려 부모가 불러도 건성건성 대답하는 아이는 어떻게 해야 할까요? 그런 아이는 그냥 두세요. 어쩔 수가 없습니다. 이런 아이들은 스마트폰이라는 세계 속에서 자기 삶을 구축하는 세대이기 때문에 그걸 관두게 할 수는 없어요. 대신 밥은 챙겨 먹었는지, 학교나 학원은 다녀왔는지 등 일상이 잘 굴러가고 있는지 관심 있게 살피고 챙겨 주세요. 일상생활이 온전히 유지되고 있다면 관여하지 않는 게 낫습니다. 아이들은 자신만의 기준과 규칙을 가지고 있습니다. 아이의 기준과 규칙을 이해하지 못하겠다며 바꾸려고 한다면 관계만 악화될 뿐 나아지는 것은 없을 겁니다.

생각해 보면 스마트폰 없이 자란 부모 세대도 사춘기 때는 부모 말을 무시하는 게 일상이었을 거예요. 자녀 세대가 스마트폰을 쓴다고 해서 부모 세대를 대단히 더 무시하는 게 아니라 스마트폰 속에서 구축한 자신만의 세계에 빠져 있는 순간에 부모라는 존재를 발견하지 못하는 것뿐입니다. 그러니 일상이 유지되도록 관리하되 스마트폰 사용 자체를 금지하거나 제한하려는 시도는 무용하다고 할 수 있어요. 다만 스마트폰을 사용하는 목적과 방향은 확인해야 합니다. 수많은 정보를 접할 수 있는 인터넷상에서 유해한 정보를 접할 수 있습니다. 특히 아직 판단 능력이 낮은 아이를 대상으로 도박을 권하기도 하고 아이를 대상으로 한 사이버 범죄도 점차 발전하고 있습니다. 따라서 스마트폰으로 어떤 사이트에 접속하는지, 무슨 정보를 접하고 있는지 확인하는 것은 굉장히 중요합니다. 완벽한 통제는 불가능하고 허상이라는 걸 깨닫되 범죄나 부도덕한 일에 연관되지 않도록 관리하세요. 아이들의 세계에 부모 세대는 입장 불가입니다. 문을 부순다고 될 일이 아닙니다. 아이가 문을 열지 않는다고 문을 부술 게 아니라 스스로 문을 열고 나와서 편하게 찾아올 수 있는 안전하고 편안한 공간으로서, 허락된 공간이 되어 기다려 주세요. 아이에게 변화를 강요하거나 잔소리를 하는 게 아니라 편히 쉬고, 고민을 털어놓을 수 있는 상담자가 되어 주는 겁니다. 간섭하지 않지만 무심하지도 않은 부모가 되면 아이가 먼저 스마트폰을 잠시 내려놓고 부모와 대화하려고 할 겁니다.

입꾹닫, 생존 신고만 하는 자식의 입을 여는 방법

학교에서 친구들과는 즐겁게 농담도 하고, 수다도 떨며 잘 지내는 것 같은데 집에만 오면 입을 꾹 닫아 버리는 아이들이 있습니다. 특히 사춘기에 들어서면 눈에 띄게 말수가 줄어듭니다. 남인지 가족인지 모르겠다 싶을 정도로 하루에 '다녀오겠습니다.', '다녀왔습니다.' 딱 두 마디만 하는 자녀를 보고 있으면 부모는 한편으로는 답답하고 한편으로는 속상하죠. 그래도 한 가족이라면 오늘 기분은 어떤지, 무얼 먹었는지 등 상대방의 일상이 궁금할 법도 한데 전혀 궁금해하지 않고, 물어봐도 묵묵부답이거나 단답만 하니 대화는 금방 단절됩니다. 상담을 하다 보면 많은 분이 어쩌다 우리 가족이 이렇게 된 건지, 어떻게 하면 대화의 첫 물꼬를 틀 수 있는지 제게 물어봅니다. 그럴 때마다 저는 이렇게 말합니다.

"그런 방법 없어요."

말하지 않는 아이의 입을 억지로 벌리지 않는 한 도리가 없습니다. 자녀에 대한 부모의 완전한 통제는 불가능한 허상이에요. 입을 꾹 닫고 말을 하지 않는 것은 사춘기의 흔하디흔한 현상일뿐더러 잘못된 일이라고 보기도 어렵습니다. 부모도 답답하지만 아이도 부모의 말이 죄다 간섭과 잔소리라고 느낄 때라 서로를 불편해하는 시기입니다. 그러니 아이가 사춘기를 겪고 있다면 친밀한 관계를 맺기 위해 노력하기보다는 기본적인 것들만 함께하는 걸 목표로 삼는 게 낫습니다. 의식주를 제대로 해결하고 있는지 살피고, 학원비 제때 내 주고, 딴 데로 새지 않고 학교, 학원 잘 다니는지 확인만 하면 됩니다. 그것만 잘해 줘도 고마운 일이에요. 이는 아이가 어긋나지 않도록, 올바른 어른으로 자랄 수 있도록 돕는 것을 포기하라는 것이 아닙니다. 아이가 어긋난다면 올바른 길을 알려 주는 것이 부모의 역할이죠. 자녀와 함께 기초적인 지침 서너 가지를 정하고, 그 외의 것들은 자녀가 자유롭게 할 수 있도록 놔 두세요. 예를 들면 부모에게 하는 게 아니더라도 집에서 함부로 욕하지 않도록 주의를 주세요. 아이가 친구들끼리 대화하거나 혼자 있을 때 거리낌 없이 욕을 한다면 분명하게 경고하세요. 이외에도 밥을 제때 챙겨 먹기, 통금 시간 지키기, 집을 드나들 때 인사하기 등 기초적인 지침을 아이와 함께 정한 뒤 지켜보세요. 사춘기 때는 아무리 부모가 애써서 충고하고 이래라저래라 말을 해도 들리지 않습니다.

부모로서 아이에게 바라는 바가 있기에 아이에게 이래라저래라하고 싶은 마음을 참기 어려울 겁니다. 하지만 '아이를 옆집 총각 보듯 하라.'라는 말을 항상 떠올리면서 행동하세요. 옆집 총각은 지나다닐 때 인사만 잘해도 기특하죠. 엘리베이터에 같이 탔을 때 먼저 버튼 눌러 주면 고맙고요. "저 총각은 참 인성이 된 총각이야."라며 착하다는 둥, 기특하다는 둥 말하는 이유는 그 총각에 대한 기대치가 높지 않기 때문입니다. 자녀도 똑같이 기대를 낮추면 자녀가 작은 일을 해내더라도 고맙고 기특할 겁니다. 사춘기를 겪는 자녀에게 큰 기대를 하며 옥죄는 것보다 작은 것에도 칭찬하며 기다려 주는 것이 효과적입니다. 조금 차갑게 느껴질 수도 있지만, 자녀가 어느 정도 성장했다면 부모는 눈만 뜨고 있어야 하는 겁니다. 자녀가 다가와서 말을 걸 때까지 기다렸다가 응답하는 게 사춘기 자녀와 별 무리 없이 지내는 과정이라는 거예요. 스마트폰 속에 들어가서 부모를 잃은 듯 살아가는 아이들을 견디며 사는 방식이 그렇습니다. 사춘기 아이들은 불처럼 뜨거우면서도 얼음처럼 차갑기 때문에 불에 데고 얼음에 동상 걸리지 않으려면 닿지 않는 게 최선입니다.

그런데 자녀가 부모에게는 알리고 싶지 않은 눈치인데 문제를 겪고 있는 것 같다면 문제를 해결하기 위해 나서거나 아이를 다그치기보다 상담을 권하는 게 좋습니다. 아이들은 유아 시기엔 돌봄이, 청소년기에는 학교 선생님, 과외 혹은 학원 선생님에 둘러싸인 채 살아왔기에 상담에도 익숙합니다. 청소년상담복지센터, 가족센터, 정신건강복지센터 등 다양한 곳에서 무료 상담 사업이 진행되고 있으니 아이와 함께 상담을 받아 보는 것을 추천합니다.

점점 더 길어지는
독립 시기,
캥거루족 자녀

최근 성인 자녀들의 독립 시기가 점점 늦춰지고 있습니다. 이전에는 성인이 된 이십 대 초반에 주로 독립을 했는데 최근에는 이십 대 후반, 삼십 대가 되어도 부모와 함께 사는 사람들이 많아졌습니다. 물론 취업이 어려워지면서 첫 취업 시기가 늦춰진 데다, 자취 비용이 만만치 않은 것은 사실입니다. 하지만 자녀가 취업을 하고 자립 비용을 마련할 때까지 기다려 주는 것이 당연한 일은 아님을 기억하세요.

아르바이트라도 하면 다행일 정도로 따박따박 노부모에게 용돈을 받아 카페를 가고, 해외여행을 계획합니다. 부모의 곁에 붙어 사는 기생족이자, 부모 연금에 빨대를 꽂는 빨대족이 확실하죠. 아이들에게 너무한다고요? 정말 너무하는 것은 그들입니다. 다 늙어 가는 아버지의 주름 사이 한숨은 아랑곳하지 않고, 관절염으로 다리가 욱신거리는 어머니의 무릎에 파스가 몇 장 붙어 있는지도 관심이 없습니다. 부모는 늘 건강하고 힘이 있고, 자신에게 물질적, 경제적으로 당연히 도움을 주어야 하는 존재라고 생각하는 뻔뻔한 청춘도 꽤 있습니다. 왜 자신에게 더 많은 것을 제공하지 않았고, 왜 다른 부모들처럼 떵떵거리며 살지 않아서 내가 노동의 고민을 하게 하는지를 탓하는 자식들도 상당합니다. 자식들의 이런 가스라이팅에 요즘 부모들은 쩔쩔맵니다. 하나밖에 없는 자식을 바라보며 이러지도 못하고 저러지도 못하며 혹시라도 상심이 커질까 노심초사합니다. 두 부부가 그런 경우라면 이 집은 자식이 독립하지 못하고 온 가족이 얽혀 함께 늙어 갈 겁니다. 부부 중 한 사람만 그러하다면, 노부부는 늙어 죽을 때까지 부부 싸움을 하다가 우리 부모는 죽는 순간까지 싸운다는 원망을 들으며 눈을 감게 될 겁니다.

제 몫을 하지 않는 자식에게 미안해하지 마십시오. 부모는 자식에게 아무 때나 미안해하는 게 아닙니다. 함께 살다 때로는 상처를 주기도 하고, 실수하는 날도 있을 겁니다. 하지만 최선을 다해 살았음에도 더 해 주지 못한 것들에 대해서는 결코 미안해하지 마시기 바랍니다. 자녀는 미안하다는 말을 반복한 부모에게 반드시 죗값을 받아 내려 할 겁니다. 이래서 미안하고 저래서 미안한 게 부모라지만, 부모로서 더 해 주지 못한 마음을 날 것 그대로 받아들이는 자식들이 늘어납니다. 부모의 미안함을 사랑으로 해석하는 능력을 갖지 못한 자녀들이 늘어나는 이유는 '미안해.'의 의미를 해석해 주지 않은 부모의 탓도 있을 겁니다. 당연히 아이가 나의 미안함을 사랑으로 이해할 것이라 생각했던 것이지요. 그러나 그게 부모 탓입니까? 생활비를 줄여 학원 보내면서까지 문해력을 키워 놨으면 인생 문해도 해야 하는 거 아닙니까?

자녀를 도와주고도 미안해하는 세월이 누적되면 자녀들은 캥거루가 되어 갑니다. 부모에게서 멀어지지 않고, 부모의 품 안에서 안락한 삶을 유지하고 싶어 합니다. 자녀의 모든 사정을 이해해 주었던 부모들은 결국 캥거루의 발에 차여 치명상을 입고 말 겁니다. 눈에 넣어도 아프지 않은 자식일수록 독립적으로 키워야 합니다. 그러니 이별의 기한을 정하고 헤어질 날을 선포하세요. "스물다섯 살이 되면 자취를 시작해라. 그 전까지는 지원을 해 주겠지만, 스물다섯 살부터는 모든 지원을 끊을 테니 독립 준비를 해라." 하고 자녀가 독립해야 할 시기를 명확하게 정해야합니다. 그리고 독립을 위해서는 무엇을, 어떻게 준비해야 할지 함께 논의하세요. 보증금이 필요하다면 얼마나 필요할지, 얼마나 보태 줄 수 있는지 등등을 논의하는 겁니다. 아르바이트를 하거나 취업을 하는 것, 자취할 집을 알아보는 것 등 독립할 준비를 할 때는 자녀가 스스로 할 수 있도록 지켜보세요. 그래야 온전히 독립할 수 있습니다.

그리고 부모도 자녀를 독립시킬 준비를 해야 합니다. 자녀를 알몸으로 내보낼 수는 없으니 최소한의 보증금 등을 마련해야죠. 자녀가 독립했을 때 쓸쓸하거나 외로움을 느끼지 않도록 취미 생활을 시작하는 등 마음의 준비도 필요합니다. 모든 준비가 끝나고 자녀가 독립을 시작하면 쉽지 않겠지만 자녀를 힘껏 밀어내야 합니다. 자녀가 고통스러워하는 것을 보고 있기 힘들다는 이유로 언제까지나 도와줄 수 없습니다. 직접 밥을 해 먹고, 자신의 방을 정리하고, 자신이 벌인 일은 책임질 수 있어야 하죠. 자녀가 캥거루가 아닌 사람으로 살아가기 위해서는 부모의 '헤어질 결심'이 필요합니다.

이별하는 것이 너무 어렵게 느껴진다면 상상 이별부터 시작하시기 바랍니다. 자녀가 얼마나 성장해야 스스로 돈을 벌어 자신의 삶을 영위할 수 있는지, 자신의 삶을 꾸리기 위해 독립한 자녀에게 얼마큼의 자금을 지원할 수 있는지, 자녀의 빈 자리를 어떻게 채우며 살아갈지 등을 생각하고 상상하는 겁니다. 그리고 상상한 것들을 자녀에게도 들려주세요. 자녀에게 직접 말하는 것도 좋고, 자녀가 있는 곳에서 일부러 자녀에게 들리도록 말하는 겁니다. 그래야 자녀도 '언젠가 독립을 해야 하는 거구나. 겁을 주려고 말하는 것이 아니라 독립이 현실이 될 수 있겠구나.'를 생각하며 그들만의 마음 공사, 생각 공사, 미래 계획을 시작합니다.

사람은 누울 자리를 보고 다리를 뻗습니다. 기댈 만하다고 판단하면 최선을 다해 언덕에 비비지요. 상상의 거리 두기부터 시작하여 실질적 거리 두기를 명료하게 시행해야 합니다. 참고로 저희 집은 만 27세 12월이면 아이들 모두 나가야 합니다. 큰아이도 작은 아이도 각자 그때가 되면 나가야 한다는 것을 알고 있습니다. 그전부터 나갈 수 있다면, 최선을 다해 나가라고 얘기해 왔습니다. 이제 저희 집도 임박했습니다. 그리고 이를 위해 원

룸의 전세 보증금 정도를 준비하고 있습니다.

사람은 자기 화장실 변기 청소를 해 보고, 화장실 실리콘의 붉은 곰팡이를 지워 보고, 음식물 쓰레기 날파리를 내보내고, 종량제 봉투를 요일에 맞춰 내놓고, 공과금을 내 봐야 어른이 됩니다. 이 행위들을 반복하면서 자신의 환경을 유지하고 삶을 독자적으로 만들어 갑니다.

아이들이 이 일을 시작할 때 부모는 나서지 마시기 바랍니다. 답답하고 안쓰러워도 주먹을 꼭 쥐고 견디셔야 합니다. 이들이 자신의 삶을 불평하거든 아주 잘하고 있다고 그렇게 어른이 되는 거라고 말씀해 주십시오. 아이들은 수시로 집으로 돌아오려고 할 겁니다. 밥과 반찬이 무료고, 늘 내 방을 치워 주는 우렁 엄마가 있고, 돈을 안 벌어도 용돈이 나오는 화수분 아빠가 있는 집으로 오기를 학수고대하지요. 칼같이 거절하시기 바랍니다. 때때로 아프거나 도움이 필요한 순간이 있을 때는 서로 도울 수 있지만, 그건 일회성 사건이어야 합니다.

자식에 대해 어쩜 이렇게 차가울까요, 이렇게까지 매서울 필요가 있을까요? 아이들이 자신의 삶을 살아가는 건 불쌍한 일이 아닙니다. 성인이 되어서도 부모들이 모든 것을 해 주는 그 집의 자식들과 부모들이 진정 불쌍한 가족이지요. 독립하지 못하고, 분리되지 못하고, 서로 엉겨 붙어 건강한 분리가 되지 않는 집이야말로 자식은 자식대로 망치고 부모는 부모대로 노후를 스스로 지워 가는 겁니다.

자식의 손이 커지거든 부모 손을 떼십시오. 자식의 팔이 길어지거든 부모 팔을 거두세요. 자식의 다리가 길어지거든 부모가 걸음을 멈추고, 자식의 발이 커지거든 혼자 달리게 하세요. 이들의 머리는 이미 커진 것이니 믿고 맡기세요. 그들의 삶은 반드시 그들의 손으로 길을 내야 합니다. 그게 인생이고 그게 건강한 삶입니다.

그동안 부모는 자신의 손을 바라보세요. 어느새 조금씩 주름져 있습니다. 자신의 다리를 보세요. 근육이 간데없이 사라져 취약하기 그지없지요. 자신의 발을 보세요. 걸음이 느려졌습니다. 이젠 누굴 도울 때가 아니라, 도움이 필요한 나이가 된 겁니다. 자신이 누군지 알아야 합니다. 더 이상 누구를 키울 나이가 아닌 겁니다. 부모가 독립해야 자식도 독립합니다.

나이 들수록 자식들은 부모를 가르치려고 든다

나이가 들고 새로운 물건이나 문화가 낯설어진 부모 세대는 자녀에게 여러모로 의지하게 됩니다. 이건 문제로 여겨야 하는 상황이 아니라 당연한 일입니다. 키오스크 잘 못 다루겠으니 대신 주문해 달라고 부탁하는 건 문제적인 의존이라고 할 수 없죠. 능력이나 지식에 격차가 생기는 부분을 서로 보완하고 도와주는 게 당연한 거니까요. 그런데 어떤 자식들은 그런 상호적인 관계를 일방적인 관계로 여기고 부모의 사소한 행동까지 자기 입맛에 맞춰 통제하려고 합니다. "엄마, 진짜 왜 그래?", "아빠, 그러지 좀 마. 진짜 부끄러워." 이런 말로 부모 면박 주면서 가르치려고

드는 자녀의 모습도 드물지 않죠. 그런 말을 들은 부모는 얼마나 속상할까요? 부모는 어린 자녀가 세상 모든 것에 호기심을 갖고 너무나 당연한 것에 대해 질문해도 사랑으로 답했을 텐데, 자녀는 부모가 나이 들고 모르는 게 많아지니 부모를 사랑으로 대하는 것은 고사하고 기를 죽입니다. 이처럼 부모 기를 죽이는 사람은 철이 없는 동시에 인격적인 매력도 없는 사람이죠.

노인을 공경하는 경로사상은 옛말 같지만 여전히 유효한 풍속입니다. 급변하는 사회에 정보, 기술 등에서 소외된 약자는 음식을 주문하거나 표를 예매하는 것조차 어렵습니다. 그럴수록 소외된 사람들을 도와주어야 하죠. 변화 속도가 점점 더 빨라지는 세상 속에서 부모를 무시하던 자녀도 언젠가는 발전 속도를 따라가지 못해서 도태되고 소외된 약자가 될 겁니다. 오늘은 내가 키오스크 못 다루는 부모를 무시했을지라도, 내일은 AI를 적절히 활용하지 못해 자녀에게 무시당할 수도 있는 세상입니다. 그러니 부모뿐 아니라 정보 약자를 대할 때는 우리 집에 처음 방문한 손님처럼 대해야 합니다. 우리 집에 처음 방문한 손님은 화장실이 어디 있는지, 어디가 방인지도 모르겠죠. 손님을 바보 같고 무식하다고 비웃나요? 그럴 리가요. 모르는 게 당연하니 친절하게 알려 주려고 할 겁니다. 더군다나 무척 중요한 손님이라면 묻기도 전에 나서서 극진히 대접합니다. 그런데 나에게 삶을 선물하고, 성인이 될 때까지 양육한 부모를 왜 함부로 대하나요? 어째서 부모가 기계 다루는 걸 어려워한다고 바보 취급을 하나요? 결코 그러면 안 됩니다.

부모의 입장에서 생각해 보세요. 급변하는 사회에서 우리는 늘 이방인으로 살아갑니다. 살면서 마주치는 것에는 익숙한 것보다 익숙하지 않은 것이 더 많죠. 키오스크도 그중 하나입니다. 익숙지 않은 것을 마주쳐 쩔쩔매고 있을 때, 나를 전혀 모르는 타인에게 부탁하는 건 민망하고 미안한 일입니다. 자녀는 나의 어려움을 이해하고 내가 몇 번이고 실수해도 인내심을 갖고 알려 줄 사람이라고 생각하기에 부탁하는 거예요. 그런 부모의 심정을 헤아린다면 부모를 무시하거나 구박할 수 없습니다. 오히려 먼저 물어보고 알려 달라고 부탁하는 부모는 참 고마운 부모입니다. 스스로 배우려는 의지가 있는 거니까요. 그렇지 않으면 실수를 하거나, 자녀가 24시간 내내 옆에 붙어서 하나하나 해 줘야 하죠. 보이스 피싱을 당하거나 사고를 쳤을 때 뒤처리하는 게 마음이 편할까요, 아니면 부모가 혼자서도 키오스크, 스마트폰 등을 활용할 수 있도록 알려 주는 게 마음이 편할까요? 압도적으로 후자의 경우가 마음이 더 편할 겁니다.

저도 비슷한 경험이 있습니다. 아들이 어렸을 때, 차를 타고 친정 가는 길에 〈뽀뽀뽀〉 노래를 불러 줬더니 아이가 또 불러 달라고 하더라고요. 그렇게 아이가 좀 자랄 때까지 못 해도 천 번은 넘게 불러 줬을 거예요. 그런 아들이 장성해서 제가 모르는 걸 알려 줄 수 있을 정도로 자랐습니다. 그런데 얼마 전에 아들이 "엄마, 이건 좀 직접 하세요. 여러 번 말씀드렸으니 이제 아실 때도 됐잖아요."라고 하길래 제가 딱 잘라 말했습니다. "나는 네가 어렸을 때, 〈뽀뽀뽀〉를 천 번도 넘게 불러 줬다. 그런데 이제 내가 나이 들고 모르는 게 생겨서 도와달라고 하는데 그 몇 번을 못 참고 타박을 하냐?" 그러니 아들이 가만히 듣고 있다가 미안하다고 하더라고요. 물론 우리가 천 번 해 줬으니 자녀도 똑같이 천 번을 해야 한다는 건 아니에요. 시간도, 공간도, 사랑의 크기와 시점도 다르기 때문에 해 준 그대로 돌려받을 수는 없습니다. 하지만 자식의 도리로서 부모가 이해되지 않거나 조금 답답하더라도 인내할 줄 알아야 합니다. 바쁘고 할 일이 많은 상황에서 부모가 도와달라고 하는 게 번거로운 것은 이해합니다. 하지만 자원봉사도

하고 때로는 선의로 타인을 돕기도 하는데 왜 부모를 돕는 것만 번거롭고 귀찮게 느껴지는지 생각해 보세요. 은연중에 부모가 편하니까 남들보다 편하게 대해도 되는 존재라고 생각하고 있는 건 아닌가요? 다른 사람을 돕는 것과 마찬가지로 스스로 '열 번까지는 싫은 티 내지 않고 알려 준다.'라고 한계점을 설정해 보세요. 그러면 부모의 요청을 들어주거나 일을 도와주는 게 생각보다도 간단하고 보람된 일임을 알게 될 겁니다.

반대로 부모는 마냥 자식에게 모든 것을 내맡기지 말고 스스로 노력하는 과정에서 막힐 때만 도움을 요청하는 자세가 필요합니다. 그러니 속으로 '딱 열 번까지만 자식한테 물어보고 그래도 여전히 못 하겠으면 차라리 다른 사람에게 물어보자.'라며 목표를 정하고 지키기 위해 노력해 보세요.

인생 2막,
육아 2막?
자식이 떠넘긴 자식

인생에는 분명히 막이 나뉘는 순간이 있습니다. 아이를 낳아 키우느라 정신없이 달려온 시간이 인생 1막이었다면, 자녀가 성장해 집을 떠난 뒤의 시간은 자연스럽게 인생 2막이라 불릴 법합니다. 많은 부모가 자녀가 독립하고 나면 '이제는 쉬어도 되겠지.', '이제는 내 삶을 다시 챙겨도 되겠지.' 하며 여유롭게 휴식을 즐기는 노년을 생각합니다. 하지만 현실은 그렇지 않습니다. 인생 2막을 준비 중인 무대 위로 누군가 깜짝 등장합니다. 바로 자식이 낳은 자식, 손주입니다. 결국 여유로운 노년을 즐길 줄 알았던 인생 2막은 시작도 하기 전에 육아 2막으로 방향을 전환합니다. 선택한 적 없는 배역인데도 거절하기는 쉽지 않죠.

아이를 키우는 과정에서 누구나 한 번쯤은 아이를 누구에게 맡겨야 할지 고민해 봤을 겁니다. 부모가 모두 아이를 돌보기 어려울 때, 불가피하게 집을 비워야 할 때 아이가 혼자 남지 않도록 곁에서 돌봐 줄 사람을 찾는 건 쉬운 일이 아닙니다. 게다가 유치원이나 어린이집에 보내거나 베이비 시터를 고용하는 일은 금전적으로 부담스럽죠. 이렇다 보니 아이를 조부모에게 맡기는 일이 흔해졌습니다. 가족이기에 믿을 수 있고, 비용에 대한 부담도 상대적으로 적기 때문이죠. 하지만 이건 부모의 입장일 뿐, 조부모의 입장은 다릅니다. 자신이 낳은 자녀를 빼닮고 마치 자녀의 어린 시절을 보듯 금이야 옥이야 소중한 손주지만, 손주를 종일 직접 돌보는 일은 여간 만만찮은 일입니다. 상담을 하다 보면 할머니와 할아버지께서 할 수만 있다면 손주를 돌보는 일은 그만두고 싶다고 솔직하게 말하는 경우도 많습니다. 자녀와 손주를 사랑하지 않아서가 아니라 몸과 마음이 감당하기 어렵기 때문이죠.

아이를 종일 돌보는 일은 젊은 사람들에게도 벅찬 일입니다. 울면 달래 주고, 배고프다 하면 밥을 차려 주고, 함께 놀이터에 가거나 다양한 놀이도 해 주어야 합니다. 게다가 다치지는 않을지 노심초사 눈을 뗄 수가 없으니 바쁘고 정신없는 시간의 연속이죠. 부모가 회식이라도 있는 날에는 부모가 올 때까지 졸린 눈을 비비며 버텨야 합니다. 이른 아침 시작된 육아 노동은 밤이 깊어서야 끝이 나죠. 퇴근도 없고, 주말도 없기에 건강한 몸과 단단한 체력이 필요한 일입니다. 그런데 조부모의 몸은 어떤가요? 자녀의 성장과 함께 나이 들어 몸은 눈에 띄게 쇠했고, 여기저기 아프기 시작해 병원을 다니는 경우도 많죠. 결국 몸이 따라 주지 못한다는 것을 알면서도 사랑스러운 자식의 소중한 아이를 생각하며 몸과 영혼을 갈아 넣어 손자를 돌보는 것이죠.

게다가 육아 방식이 예전과는 많이 달라졌습니다. 조부모가 자녀를 양육할 때에는 인터넷이 발달하지 않은 데다 육아 서적이 적었습니다. 하지만 요즘은 육아 서적도 많고, 인터넷을 통해 다양한 육아 지식과 정보를 얻을 수 있죠. 이렇다 보니 아이를 볼 때 지켜야 할 것이 이전보다 많아졌습니다. 하지만 육아 방식이 어떻게 변화했는지 알 길이 없는 조부모들은 자신들이 자녀를 키웠던 방식 그대로 손주를 돌보다가 자녀의 원성을 듣기도 합니다. "요즘은 그렇게 키우지 않는다.", "그건 옛날에나 그랬다."

라는 자녀의 말이 비수처럼 날아와 가슴에 꽂히기도 하죠. 게다가 양육에 대한 모든 권한을 넘겨받은 것이 아니기에 자녀의 양육 방침에 맞춰야 한다는 까다로움도 있습니다. 무엇을 먹이면 안 되는지부터 휴대 전화를 사용하게 해도 되는지, 사용해도 된다면 얼마큼의 시간 동안 허락을 해야 하는지 등등을 자녀에게 일일이 물어봐야 하고, 실수라도 하는 날에는 기껏 도와줬음에도 자녀의 눈치를 보게 됩니다. 작은 실수 하나에도 마음이 철렁 내려앉고, 아이가 조금만 다쳐도 죄인이 된 기분이 들죠. 다시는 손주를 맡지 않겠다고 다짐했다가도, 다음 날이면 자녀의 부탁에 아이를 보게 되는 현실 앞에서 마음은 쉽게 무너집니다.

곰곰이 생각해 보면, 조부모가 손주를 돌보는 환경은 그리 좋지 않습니다. 적절한 보상이 따르는 것도 아니고 명확하게 시간이 정해져 있는 것도 아닌 데다 충분한 배려까지 없는 경우가 많습니다. 조부모는 그저 가족이라는 명분으로, 사랑한다는 이유만으로 버티는 것입니다. 이는 단순히 조부모를 향한 감사 인사만으로는 해결할 수 없습니다. 아이를 돌보는 일이 개인의 희생에만 기대어 유지되는 구조라면, 언젠가는 그 무게가 관계를 갉아먹게 될 겁니다. 그러니 아이를 맡길 수밖에 없는 상황이라면 시간과 역할의 경계부터 분명히 정하세요. 아이를 돌보는 시간이 정확히 언제부터 언제까지인지, 어떤 상황까지 책임을 져야 하는지, 어디까지가 도움이고 어디부터가 의무가 되는지를 미리 합의해야 합니다. 가능하다면 금전적인 보상 역시 명확하게 논의하는 것이 좋습니다. 돈의 많고 적음이 아니라 돌봄이 노동임을 인지하고 그에 대해 적절한 보상을 하겠다는 태도가 관계를 지켜 줄 겁니다.

인생 2막이 육아 2막으로 이어지는 현실을 완전히 피하기는 어려울지 모릅니다. 그러나 그 과정이 일방적인 희생이 되지 않도록 조정할 수는 있습니다. 자식이 낳은 손주는 결국 자식의 책임이라는 원칙을 마음속에 분명히 세워 두는 것, 그리고 그 원칙 위에서 도움을 요청하는 것이 관계를 지키는 가장 현실적인 방법입니다. 그래야 인생 2막이 또 다른 부담의 시간이 아니라, 서로의 삶을 존중하며 버틸 수 있는 시간으로 남을 수 있습니다.

우리는 차갑게 사랑할 때를 선택해야 합니다.
겉으로 보기에는 냉정해 보이나,
마음속에는 뜨거운 사랑이 있죠.
차가운 사랑은 결국 건강한 경계를 위한
더 뜨거운 사랑입니다.
때로는 더 사랑하는 자가 더 차갑다는 것을 기억하세요.

4장

검은 머리
파뿌리 될 때까지는
순 거짓말
- 부부

청춘을 바쳐 사랑을 약속하고, 혼인을 하며 평생을 약속한 이들은 머리카락이 온통 흰머리로 변할 때까지 오랫동안 서로를 사랑하겠다고 다짐합니다. 총각은 남편이 되고, 처녀는 아내가 되어 부양과 협조, 정조의 의무를 다하게 되죠. 술이 익어 가듯, 간장이 발효되듯 부부는 시간 속에서 서로의 존재를 변화시킵니다. 부부가 된다는 것은 해야 할 것, 하지 말아야 할 것 그리고 상호 돌봄의 기대를 넘어 삶을 녹여 서로를 먹이는 것과 같습니다. 하지만 서로 다른 두 사람이 만나 하나의 목표를 향해 달려가는 것이기에 서로 다른 생각과 의견을 가지기도 하고, 수지 타산을 따지기도 합니다. 수많은 다짐과 약속은 눈 녹듯 사라지기 시작하죠. 검은 머리가 파뿌리 될 때까지 사랑한다던 약속은 거짓말이 되어 버립니다.

　가사 노동, 생활비 등 함께 나누며 꾸려 가기로 했던 모든 것에서 누가 더 많이 하는지, 누가 덜 기여하는지 따지다 보면 부부 싸움이 시작됩니다. 나는 집을 마련해 왔는데 너는 왜 혼수만 해 왔는지, 우리 엄마는 집에 와서 청소도 해 주는데 너희 엄마는 왜 코빼기도 비치지 않는지, 아이를 키워 준다던 시모는 왜 멀리 이사를 가는 건지, 명절 선물 비용은 왜 차이가 나는지, 아이가 아프면 왜 엄마만 달려와야 하는지 등등 결혼 생활 내내 불공평한 것을 찾게 됩니다. 곧이어 이 결혼을 하지 말았어야 했나 싶은 후회와 눈물이 쏟아지기 시작합니다. 이러한 감정들이 쌓이면 결혼 생활 내내 불평등을 조율하는 과정인지, 그저 영혼까지 할퀴기 위한 비극적 투쟁인지 모를 전쟁으로 이어집니다. 가장 사랑했던, 함께 미래를 약속했던 사람에게 지울 수 없는 상처를 남기는 일이죠. 4장에서는 검은 머리가 파뿌리 될 때까지 사랑하겠다던 다짐과 약속을 지킬 수 있는 방법과 사랑했던 과거처럼 부부 관계를 회복시킬 방법을 담았습니다. 부부 관계의 위기가 찾아오는 순간은 언제인지, 위기가 찾아올 때 현명하게 이겨 내는 방법은 무엇인지 함께 알아봅시다.

인생의 수레바퀴 아래에서 평평한 길, 울퉁불퉁한 길, 아스팔트 길, 진흙 길을 함께 보낸 아내, 남편과 함께 "그땐 왜 그랬나 몰라. 그때 당신이 없었으면 어쩔 뻔했어."라며 지난 시간을 기쁘고 고마운 추억으로 남길 수 있길 바랍니다.

그렇게
잘잘못을 가리고 싶으면
판사나 해라

"아유, 정말 잘나셨어요! 그렇게 잘나셨으면 판사를 하시지 그러셨어요? 아주 판사 나리 납셨네!" 상담을 하던 중 아내가 남편을 향해 한 말이었습니다. 꼬치꼬치 캐묻고 모든 것에 잘잘못을 따지며 사과를 받아 내고야 마는 남편을 향해 아내는 손가락질을 하며 소리 높여 말했습니다. 그러고는 이내 등을 돌려 앉았죠. 요즘은 집집마다 판사가 있습니다. 특히 머리 나쁜 판사들이 많습니다. 집안 대소사를 모두 혼자 결정하는 것은 물론이고 다툼이 나면 상대를 심판한 뒤 "나가!"라며 판결까지 합니다. 이처럼 가족들의 모든 말과 행동을 잘잘못을 따지며 판단하고, 선고와 처벌까지 진행하는 무자격 판사들이 넘칩니다. 무자격 판사들은 상담 현장에서도 상담자를 판단하며 '돌팔이' 선고를 내리기도 합니다. 자신만이 옳고, 자신과 반대되는 의견을 가진 사람들이 모두 이상하다고 생각하는 것이죠. 이런 무자격 판사들은 대개 판사의 역할을 모른 채 판사 노릇을 합니다. 판사는 법적 분쟁을 심판하고 판결하며, 재판 진행과 법정 질서 유지, 증거 조사, 화해와 조정 권고 등 다양한 의무와 권한을 가지고 있습니다. 법을 전공하지 않더라도 인터넷, 법전을 찾아보면 쉽게 알 수 있는 사실이죠. 그런데 무자격 판사들은 화해와 조정 권고는 하지 않고 영장 발부, 구속 수사만 하려고 합니다. 그에게 가족에 관한 모든 것을 심판하고 결정할 권한을 주지 않았으니 무자격이고, 자신이 하려는 역할에 대해 명확히 알지 못하니 돌팔이인데도 말이죠. 게다가 어찌나 깐깐하고 까다로운지 작은 실수에도 중범죄를 저지른 범죄자를 취조하듯 가족을 몰아세웁니다. 판단은 빠르고 용서는 늦으며, 분석은 힘차나 돌봄은 게으른 사람들이죠. 그게 아버지이건 어머니이건, 아내건 남편이건, 다 큰 자식들이건 참 불공평하게 느껴집니다.

누군가는 엄한 규칙과 규율이 있어야 집안의 위계질서가 잡히고 함께 나아갈 수 있다고 생각합니다. 하지만 대부분의 사람은 타인이 나를 이해하고, 살펴보고, 돌봐 주길 바라며 살아갑니다. 특히 가족이 나를 품어 주길 바라는 마음은 더욱 간절합니다. 부모는 자식에게, 남편은 아내에게, 아내는 남편에게 서로 칼날 같은 말을 뱉으며 죄를 묻고 사과를 말하고 죄를 달게 받으라고 하는 집은 지옥입니다. 나아가 모든 것이 완벽해야 하고 결백해야 하고 흠이 없어야 하는 곳은 집이 아닌 감옥이죠.

관계 결벽증을 가진 사람들은 관계를 맺을 때 작은 비밀조차 없이 모든 것을 공유해야 한다고 생각합니다. 나아가 실수도 용납하지 않죠. 하지만 실수, 비밀 없이 서로에게 결백하고 청렴한 관계를 유지하는 것은 쉬운 일이 아닙니다. 서로를 옥죄다 관계가 파탄 나기도 하죠. 완벽하지 않더라도, 흠이 조금 있더라도 사회 규칙과 가족 규칙에 크게 위배되지 않는다면 때로는 눈감아 주기도 해야 합니다.

관대함이 없는 판단은 늘 상처를 남기고 복수심을 낳습니다. 판단 또한 사랑의 울타리 안에서 이루어져야 잘못한 사람에게 닿아 변화를 이끌어 낼 수 있습니다. 상대방을 다그치며 화를 내는 것은 그 사람의 행동을 변화시키겠다는 의도를 잊은 것이죠.

잘못을 한 사람도 자신의 잘못은 생각나지 않고, 자신을 옥죄려는 듯한 상대방의 태도에만 집중하게 되니 변화는 없고 반감만 남게 됩니다. 게다가 다른 사람의 모든 말과 행동의 잘잘못을 따지고 빠짐없이 지적한다면, 여러 번 지적받은 사람은 혹시 실수하지는 않을지 종일 긴장하게 됩니다. 집이 더 이상 편안한 공간이 아닌 것이죠. 그리고 사회인이 되어서도 지적받지는 않을지 걱정하며 작은 잘못에도 사시나무 떨 듯 떨고, 다른 사람의 시선을 눈앞의 바늘처럼 생각하며 살아야 할 겁니다.

나아가 상대방을 자신의 마음대로 행동하고 생각하도록 통제하기 위해 지속적으로 지적하고 지배하려는 것은 가스라이팅입니다. 상대방이 스스로를 의심하도록 만들어 상하 관계를 조성하고 인생을 지배하는 것이죠. 늘 자신이 부족하고 모자라고 실수만 하는 사람이라 생각하며 살아가는 배우자는 자신의 감정을 잊고, 판단하는 자의 시선에 맞추어 살아가게 됩니다. 건강한 관계와 정신 건강을 위해서라도 잘잘못을 따지며 지적하는 것을 멈추세요. 먼지를 털듯 타인의 실수를 찾아내는 능력이 있다면 탐정이 되고, 판단하는 능력이 그렇게 탁월하면 판사가 되세요. 대신 집안에서는 탐정과 판사가 아닌 사랑하는 자녀, 부모, 형제가 되어 주세요.

물론 건강한 가족 관계를 위해서는 잘못된 것을 바로잡는 것도 중요합니다. 만약 상대방의 잘못이 사소한 것이라면 간단히 언급하고 넘어가세요. 매우 사소한 잘못은 실수인 경우가 많습니다. 그러니 눈감고 넘어가거나 간단히 언급만 하세요. 실수한 사람은 실수를 이해하고 포용하며 눈감아 준 사람에게 고마움을 느끼며 더욱 신중해질 기회, 성장할 기회를 갖게 될 겁니다. 가족과 함께 행복하고 싶다면 사랑으로 지켜보고, 애정으로 눈감는 연습을 하세요.

'미안해'
한마디를 못 해서
이혼까지 가는 부부의 특징

상담소에 7년의 결혼 생활 끝에 아내의 외도로 이혼을 결심한 부부가 찾아온 적이 있었습니다. 남편은 아내가 돌아오기만 한다면 딸과 함께 다시 잘 살고 싶다고 말했죠. 모든 것을 수용할 수 있다는 남편의 요구는 딱 하나였습니다. 아내의 "미안하다." 라는 말이었지요. 하지만 아내는 끝내 사과하지 않았고, 남편은 이혼을 결정했습니다. 참 이상하죠? 그 말이 왜 그렇게 어려웠을까요? 다섯 살인 딸을 두고 울면서 헤어지면서도 할 수 없었던 말이었을까요?

두 사람 이상이 만나면 반드시 관계가 만들어집니다. 둘만 있을 때는 수직적 관계 혹은 수평적 관계가 만들어지고, 셋 이상일 때는 보다 입체적인 관계가 만들어지죠. 그리고 관계가 만들어지면 반드시 안심 버튼과 분노 버튼이 생깁니다. 안심 버튼은 고통이나 괴로움, 분노 등 부정적인 감정을 느낄 때 마음을 안정시킬 수 있는 말과 행동을 의미합니다. 다투었을 때 화해하는 방법, 지쳐 울고 있을 때 위로하고 달래는 방법, 화가 났을 때 풀어 주고 용서를 구하는 방법이 모두 안심 버튼입니다. 부정적인 감정을 해소하고 마음이 편안해질 수 있도록 돕는 안심 버튼은 많으면 많을수록 좋습니다. 함께 부정적인 감정을 해소하는 과정에서 신뢰를 확보하고 관계를 회복할 수 있기 때문입니다. 아픈 순간에 "괜찮아?"라고 묻는 걱정 섞인 목소리, 위태로운 순간에 나를 잡아 주는 단단한 손, 나의 슬픔에 공감하지 못하더라도 내 옆에 있어 주는 존재를 부정적으로 기억하는 사람은 없을 겁니다. 그러니 사랑하는 가족들을 지켜보고, 먼저 손을 내밀고, 안심 버튼을 눌러 주세요.

안심 버튼과 달리 분노 버튼은 싫어하거나 불편해하는 말과 행동입니다. 상대방이 특정한 말과 행동을 했을 때 감정적 혼란과 분노를 느낀다면, 그 말과 행동이 분노 버튼인 것이죠. 이는 사람마다 달라서 같은 상황일지라도 분노하는 사람이 있고, 아무렇지 않게 넘기는 사람이 있죠. 관계를 맺고 오랜 시간을 함께하다 보면 상대방의 분노 버튼이 무엇인지 알게 될까요? 단언컨대 대부분의 사람은 잘 모릅니다. 알고 있다 하더라도 시간이 지나면서 분노를 이끌어 내는 새로운 말과 행동이 생기거나, 이전에는 마주하지 않았던 새로운 상황에서 당사자도 몰랐던 분노 버튼을 발견하게 되죠. 조금씩 꾸준히 변하는 사람이라는 존재를 온전히 알 수는 없는 겁니다. 다행스럽게도 상대방의 분노 버튼을 눌렀다고 해서 관계가 완전히 끝장나는 것은 아닙니다. 진심으로 사과하고 같은 상황이 반복되지 않도록 노력하며 관계를 회복할 수 있죠. 분노 버튼이 눌린 사람이 원하는 것은 대단한 게 아닙니다. 대부분 "미안해."라는 말 한마디를 듣고 싶어 하죠.

관계를 원만하게 이어 가고 싶다면 분노 버튼과 안심 버튼을 바탕으로 몇 가지 규칙을 정하는 것이 좋습니다. 그러려면 일단 서로의 분노 버튼과 안심 버튼이 무엇인지 알려 주어야 합니다. 스무고개를 하듯 맞춰 보라고 하지 마세요. 다음 생에도 못 맞출 겁니다. 그러니 함께 대화하며 서로의 분노 버튼과 안심 버튼을 공유하세요. 구체적이고 자세할수록 좋습니다. 분노 버튼을 누르는 말이 있다면 단어와 문장을 명확히 알려 주고, 분노 버튼을 누르는 행동이 있다면 마치 정지 화면처럼 어떤 상황에서, 어떤 행동을 할 때 화가 나는지 설명하세요. 그래야 상대방도 정확히 이해하고 분노 버튼을 누르지 않도록 조심할 겁니다.

분노 버튼과 안심 버튼이 무엇인지 알려 주었다고 해서 상대방이 절대 분노 버튼을 누르지 않을 거라고 생각하지 마세요. 최소 3개월의 유예 기간을 가져야 합니다. 아무리 조심한다고 해도 사람이다 보니 실수할 수도 있고, 잠시 잊어버릴 수도 있습니다. 그러니 유예 기간에는 상대방이 분노 버튼을 누르더라도 부드럽게 다시 알려 주세요. 그 과정을 거치며 상대방이 변화하려고 애쓰는 모습을 발견한다면 기꺼이 칭찬도 해 주세요.

이처럼 작은 행동을 만들어 가는 과정을 '조형'이라고 합니다. 마치 조각을 하듯 조금씩 삶의 형태를 만들며 서로의 삶을 변화시키는 것이죠. 아름다운 예술 작품을 위해 오랜 시간 동안 공을 들이듯이, 상처받지 않고 서로를 위로하는 관계가 되기 위해서는 짧지 않은 시간 동안 서로를 위해 노력해야 합니다. 서로의 분노 버튼이 무엇인지 확인하고, 버튼을 누르지 않도록 노력하고, 상대방의 노력을 인정하며 고마워하세요. 사람은 고쳐 쓰는 게 아니라고들 하지만 아닙니다. 변하려는 의지가 있는 사람의 곁에서 매일 조금씩 좋은 선택을 하도록 돕는다면 사람은 충분히 변화할 수 있습니다. 그러니 원만한 가족 관계를 만들고 싶다면 인내심을 갖고 서로에 대해 깊이 알아 가세요. 서로를 만끽하는 방법은 견고한 약속이 있을 때 가능합니다. 사랑이 고통스러울 때는 약속과 규칙을 정하는 것이 가장 안전하며, 감정은 변수가 있지만 규칙은 늘 단단히 서로를 지킨다는 사실을 꼭 기억하세요.

상대를
존중하지 않는
최악의 배우자 행동

상담소를 찾아오는 부부들은 대개 이렇게 말합니다. "이 사람이요? 결혼 전에는 참 괜찮은 사람이었어요. 그런데 결혼하고 나서는 달라지더라고요." 결혼 전에는 불면 날아갈까 쥐면 꺼질까 애지중지했지만, 결혼 후 태도가 바뀌는 사람들이 있습니다. 한때는 죽고 못 살던 사이였는데 어느새 배려하거나 존중하지는 못할망정 무시하기까지 하니 관계는 서서히 무너집니다. 사람으로서, 배우자로서 존중받지 못한다고 느끼는 사람의 마음속에는 분노와 원망이 쌓이기 시작하죠.

상대를 존중하지 않는 최악의 배우자 행동은 상대방이 싫어하는 걸 알면서도 일부러 반복하는 것입니다. 예를 들어, 싸울 때마다 상대가 가장 상처 받을 만한 말을 골라서 내뱉는 거죠. 함께한 시간만큼 상대가 어떤 말을 좋아하는지, 어떤 말에 힘들어하는지 잘 알기에 더욱 날카롭게 파고듭니다. 정곡을 찌른다고 하지만 사실은 말로 깔아뭉개는 거죠. 이는 "너도 상처받아 봐." 혹은 "내 밑으로 다 꿇어." 하는 마음에서 시작됩니다. 상대를 존중하는 사람은 상대가 싫어하는 걸 잘 알아도 하지 않습니다. 오히려 얼마나 힘들어할지 알고 있기에 피합니다. 감정이 격해져도 이를 악물고 인간적인 예의를 지키며 '여기만큼은 넘지 말자.'라는 약속의 선을 지키세요.

부부가 싸울 때 말끝을 물고 늘어지는 것도 관계를 갉아먹습니다. "지금 뭐하자는 거야? 그게 알겠다는 사람의 태도야? 아는 사람이 왜 그래?" 하며 말꼬리를 잡는 순간 대화는 문제를 해결하는 것이 아닌 싸움의 승패를 가르는 방향으로 흘러갑니다. 갈등 상황에서 올라오는 감정을 한꺼번에 쏟아내는 것 역시 위험합니다. 감정이 머리끝까지 차오르면 이성적 판단이 어려워지고, 결국 선을 넘기 쉽습니다. 저도 배우자와 다투다 보면 '이 사람이 바람이 났나?' 같은 최악을 상상하며 분노했다가, 감정이 진정되고 나면 '내가 미쳤지.' 하며 이불 킥을 하곤 합니다. 이처럼 감정이 북받치면 하지 말아야 할 말과 행동이 쉽게 튀어나옵니다. 그런데 서로를 존중하는 부부는 싸움이 극으로 치닫지 않도록 통제합니다. 몸이 부들부들 떨려도 주먹을 꼭 쥐고 참는 이유는 단순합니다. 앞으로도 함께 살 사람이기 때문이죠. 다른 것은 다 잊더라도 내 앞에 서 있는 사람이 배우자라는 사실을, 평생 함께 살 거라는 사실을 붙잡으면 끝까지 가지 않을 수 있습니다.

"이럴 거면 이혼해!" 같은 말을 자주 하는 것 또한 부부 관계를 전쟁터로 이끕니다. 이 말을 처음 들은 배우자는 헤어지고 싶지 않은 마음에 져 주고 용서를 구할 겁니다. 하지만 몇 번이고 반복된다면 관계를 볼모로 잡아 나를 무릎 꿇리기 위한 협박이라는 생각에 조금씩 지치고 무뎌지게 되죠. 게다가 두 사람의 관계를 쉽게 생각하며 끝내고 싶어 한다는 생각에 결국 참지 못하고 "그래, 이혼해!"라고 맞불을 놓기도 합니다. 서로에게 상처를 남기고 마음을 지치게 하는, 관계를 가볍게 만드는 말은 하지 마세요. 그리고 말이 씨가 될 수 있다는 걸 기억하세요.

배우자를 존중하지 않는 또 다른 행동으로는 상대에 대한 뒷담화가 있습니다. 여러 사람에게 남편과 아내에 대해 부정적으로 말하는 순간에는 재미있을 수 있습니다. 부부 싸움에서 느꼈던 억울함을 토로하거나, 아쉬웠던 마음을 말하며 공감받고 싶겠죠. 하지만 배우자에 대한 뒷담화를 들은 사람은 배우자를 부정적으로 평가하고 기억하게 될 겁니다. 나의 남편, 아내가 타인에게 부정적으로 기억되도록 주도하는 것은 배우자를 전혀 존중하지 않는 행위죠. 배우자가 다른 사람에게 나의 뒷담화를 한다고 생각해 보세요. 나를 언제부터 부정적으로 생각하고 있었던 것인지, 여전히 나를 미워하거나 불편하게 생각하는지, 다른 사람에게 꼭 그렇게 말을 했어야 했는지 등등 서운하고 실망스러운 감정을 느낄 겁니다. 이번에는 반대로 배우자가 다른 사람에게 나에 대한 칭찬을 하고 다닌다고 생각해 보세요. 여전히 나를 예뻐하며 소중히 여기는 상대방의 사랑이 느껴지는 듯할 겁니다. 그러니 다른 사람과 배우자에 대해 이야기할 때는 뒷담화가 아닌 칭찬을 하세요. 뒷담화를 하지 않는다는 것은 결국 인간적 예의이자 관계를 지키는 방식입니다.

반대로 상대를 존중하는 최고의 배우자 행동은 어떤 모습일까요? 먼저, 기여를 인정하고 칭찬하는 겁니다. "우리 남편 최고예요.", "우리 아내 이거 하나는 끝내줘요." 같은 칭찬을 공개적으로 하기도 하고, 배우자에게도 "당신은 이게 최고야.", "역시 당신이야." 같은 말을 건네는 것이죠. 앞서 말했듯 상대를 높여 주는 말은 '나는 당신을 존중한다.'라는 신호가 되어 부부 관계를 긍정적인 방향으로 이끌어 갈 겁니다. 나아가 "괜찮아."라는 말도 부부 관계를 원만하게 만들어 줍니다. 배우자에게 화가 났을 때, 한 번쯤 눈감아 주고 넘어갈 수 있는 문제라면 "괜찮아."라고 말해 보세요. 말에는 힘이 있으니 입 밖으로 내뱉음으로써 마음속에 남아 있던 작은 응어리들도 풀릴 겁니다. 또 괜찮다는 말은 있는 그대로 받아들이겠다는 뜻이자 수용과 인정, 용서와 존중을 담은 말입니다. 듣는 이에게도 편안한 마음을 전해 주기에 관계를 더욱 돈독하게 만들 수 있을 겁니다.

부부 관계에서는 스킨십 또한 중요합니다. 스킨십은 손을 잡거나 머리를 쓰다듬는 것처럼 서로를 만지는 것뿐 아니라 눈을 마주치거나 마주 앉아 밥을 먹는 것, 소파에 앉아 다리를 툭 걸치는 것과 같은 소소한 소통과 접촉도 포함합니다. 시간이 지날수록 소통하는 시간과 접촉하는 면적을 조금씩 늘려 가다 보면 서로의 곁을 지켜 주고 있음을 확인하며 온기를 나눌 수 있죠.

서로의 친구, 지인들을 함께 만나 시간을 보내는 것도 좋습니다. 각자 친구들을 만나 자유로운 시간을 보내는 일은 많지만, 서로의 친구를 소개하고 상대방의 친구와 함께 시간을 보내는 경험은 많지 않을 겁니다. 때로는 배우자의 친구, 지인을 만나 근황을 나누세요. 배우자가 다른 사람과 있을 때는 어떤 대화를 하는지 지켜보며 새로운 모습을 찾기도 하고, 나는 몰랐던 배우자의 이야기를 들어 볼 수도 있죠. 부부라는 둘만의 관계가 집 밖으로 확장되면서 더욱 건강한 관계를 만들 수 있을 겁니다.

여기까지 읽고 나면 질문이 남습니다. 이 중에서 내가 하고 있는 건 무엇이고, 하지 않는 건 무엇일까요? 행복한 결혼 생활을 위해 '해야 할 일'을 늘리는 것도 좋지만, '하지 말아야 할 것'을 끊는 것만으로도 결혼 생활은 꽤 달라질 겁니다. 좋은 삶이란 대단한 무언가를 더하기 전에 잘못된 것, 어리석은 것을 피할 때 만들어진다는 말처럼요. 한번 점검해 보세요. 나는 배우자를 존중하는 행동을 하고 있는지요. 하지 말아야 할 것을 끊는 것과, 해야 할 것을 한두 가지라도 꾸준히 하는 것만으로도 관계의 온도는 달라질 수 있습니다.

결국
이혼하는 부부들의
대화

"아니, 잠깐만, 그게 아니고. 내가 아까도 말했잖아.", "알겠는데, 잠깐만. 그게 아니라니까?" 하며 도돌이표처럼 대화가 반복되었던 일, 한 번쯤은 겪어 보셨죠? 부부 싸움을 하다 보면 늘 똑같은 결말로 끝난다는 것을 알게 됩니다. 이는 자신의 억울함, 서운함을 정확히 전달하고자 하는 마음이지만, 누구의 잘못인지 선명하게 가리고자 하는 욕심이기도 합니다. 물론 누군가의 실수 혹은 잘못으로 다툼이 시작되었을 때 책임을 모호하게 두어 관계가 더 꼬이는 경우도 있습니다. 문제는 잘잘못을 따져서 결론을 낼 수 있을 만큼 우리가 논리적, 이성적으로 싸우지 않는다는 겁니다. 속상함, 분노, 서운함, 억울함 등 다양한 감정이 모여서 상대방을 이해하기보다는 오해하는 순간이 더 많아지죠. 부부는 원고와 피고가 아니라 함께 살아야 하는 사람들입니다. 그래서 부부가 해야 하는 말은 "네가 틀렸어."라는 말보다 "당신이 무슨 말 하는지 알아. 그리고 내가 그걸 이만큼은 이해할 수 있어."라는 말에 더 가깝습니다.

자주 싸우다 이혼까지 가는 부부들의 공통적인 특징은 단순합니다. 상대방의 말을 귀 기울여 듣지 않고, 듣더라도 자기가 듣고 싶은 말만 골라 듣습니다. 게다가 싸우다 보면 자신의 의견을 더욱 명확히 전달하기 위해 하고 싶은 말이 많아지니 상대의 말이 들어올 공간 자체가 없습니다. 결국 대화가 아니라 독백이 되고, 독백끼리 부딪히니 끝이 안 나는 겁니다. 반대로 자주 싸우지 않고 싸우더라도 긍정적인 결말을 맺는 부부는 상대의 말을 진지하게 듣고, 상대가 진심으로 하려는 말을 정확히 파악하려 노력합니다. "나는 너의 말을 이렇게 이해했는데, 혹시 내가 오해한 것이 있어? 혹시 내가 이해한 것이 너의 마음과 다르다면 한 번만 더 설명해 줘." 같은 문장이 자연스럽게 오가죠. 나의 입장을 설득시키기 위해 말을 하지 말고, 상대의 말을 이해하기 위해

들어 보세요. 대화할 때 30%는 듣고, 20%는 말하고, 50%는 고개만 끄덕이세요. 늘 절반씩 공평하게 주고받는 게 정답이 아니라는 겁니다. 놀랍게도 문제를 파고들지 않는 것이 관계를 돈독하게 하는 상황도 있고, 때로는 "그래, 네 말이 맞아."라고 인정해주는 것만으로도 관계가 살아나는 경우도 있습니다. 조금 물러서서 이야기를 듣다 보면 문제의 해결점이 보일 겁니다.

싸울 때 대화 주제가 변경되는 것 또한 위험 신호입니다. 자녀의 진로나 교육 문제를 두고 다투던 중 "누굴 닮아서 머리가 나쁜 거야?"라거나 "너는 그게 문제야."라고 말하는 경우가 있죠? 이처럼 주제에서 벗어나 상대방의 인격을 공격할 경우 싸움은 걷잡을 수 없게 됩니다. 때로는 상대방이 과거에 했던 실수와 잘못이나 지금까지도 후회하고 있는 일들을 언급하며 새로운 주제로 싸움의 불이 옮겨붙기도 합니다. 결국 토론이나 문제 해결을 위한 대화가 아닌 서로를 헐뜯기 위한 대화로 변질되죠. 이를 방지하기 위해서는 대화 주제를 명확히 하고, 그 외의 요소에 대해서는 언급하지 말아야 합니다. 입이 간질간질하더라도 꾹 닫으세요.

부부는 완벽하게 맞는 퍼즐이 아닙니다. 서로 다른 면을 가진 두 사람이 만나 상대에게 맞추기 위해 자신을 갈고닦습니다. 갈리면 쓰리고, 닦이면 아프죠. 그래서 중요한 건 조금씩 갈아 내면서도 조합을 맞출 수 있는 방법을 찾는 겁니다. 우리는 그걸 양보라고 부릅니다. 모든 것을 양보할 수는 없지만 서로를 이해하고 기다려 주는 것이 필요합니다. 그리고 하나씩 좋아지자는 원칙을 세우세요. 배우자에게 한 가지를 요구한다면, 배우자의 요구도 한 가지 들어주세요. 한 사람만 바뀌는 관계는 지속하기 어렵습니다. 사랑, 애정, 관심, 양보 등 긍정적인 감정을 주고받아야 하고, 무게도 비슷해야 합니다. 싸움이 없을 수는 없지만, 서로를 지켜 주며 조금씩 물러서는 부부는 결국 다시 회복할 길을 찾을 겁니다.

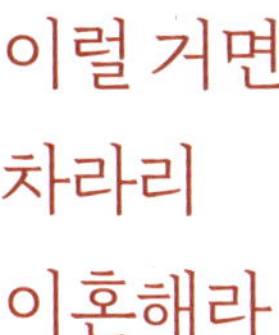

이럴 거면
차라리
이혼해라

저는 사람은 바뀌지 않는다는 말에 동의하지 않습니다. 사람은 무엇을 먹고, 무엇을 배우고, 누구를 만나 어떤 영향을 받느냐에 따라 조금씩 달라집니다. 과거를 돌이켜 보며 후회하고, 새로운 선택을 하며 성장하는 것이 사람이니까요. 배우자도 마찬가지입니다. 처음부터 서로 완벽히 맞는 사람은 없고, 같이 살수록 맞지 않는 부분은 늘어날 겁니다. 서로 상처받고 관계가 무너졌을 때, 부부가 서로에 대한 책임과 의무를 다하기 위해 관계를 다시 일으켜 세우고 행복한 미래를 준비하는 것은 중요합니다. 만약 이혼을 해야 할지, 배우자와 힘을 합쳐 다시 한번 관계를 만들어 갈지 고민된다면 둘만의 힘으로 해결하려고 하지 말고 상담을 받아 보세요. 전문가를 만나 이야기하다 보면 당사자들은 알지 못했던 구조적인 문제를 발견할 수도 있고, 지금까지 시도하지 못했던 새로운 해결책을 발견할 수도 있을 겁니다.

하지만 때로는 서로의 행복을 위해 이별을 선택할 용기도 필요합니다. 서로가 감옥이 되거나 독이 되어 상대를 옥죄고 신체적, 정신적 건강을 위협하는 상황이라면 함께 행복한 삶을 꿈꾸기보다는 안전을 보장받으며 몸과 마음을 치유하는 것이 우선입니다. 이혼이 최선의 방법인 관계도 있음을 기억하세요.

이혼을 해야 하는 관계의 기준 중 하나는 지속적 폭력의 유무입니다. 폭력은 단 한 번이라 할지라도 결코 가볍게 넘겨서는 안 됩니다. 많은 가해자가 폭력을 행사한 뒤 무릎 꿇고 빌며 선물을 주거나 주변 사람들까지 동원해 사과하는 척하지만, 그건 사과가 아니라 폭력을 반복하기 위한 장치인 경우가 많습니다. '이번 한 번이니 괜찮겠지.'라는 생각으로 쉽게 용서하고 넘어가지 마세요. 폭력의 주기는 짧아지고 수위는 높아질 겁니다. 설령 상대방의 폭력이 실수였다고 해도 폭력으로 인한 고통이 충분히 크다는 것을 분명히 말하고, 반드시 상담을 통해 상대가 참회하고 변화할 수 있는 방법을 찾은 뒤에 화해 혹은 용서를 하세요.

만약 상습적으로 폭력을 가한다면 그 사람과는 함께 살지 않겠다는 각오를 해야 합니다. 더 이상은 부부가 아니라 가해자와 피해자의 관계입니다. 아무리 무릎 꿇고 사랑한다고 말해도 속지 마세요. 사랑은 상대를 보호하고 위로하고 삶을 나아지게 하려는 마음에서 나옵니다. 폭력은 결코 사랑이 될 수 없고, 지속적 폭력이 이뤄진다면 자신을 지키기 위해서라도 이혼을 해야 합니다.

다음으로 지속적으로 성폭력을 가하는 경우에도 이혼을 권합니다. 아무리 부부라고 할지라도 상대가 원하지 않는 상황에서 강제로 성관계를 하는 것은 성폭력입니다. 성관계는 서로의 삶과 영혼을 교환하는 섬세한 영역으로, 강제로 성관계를 하는 것은 상대방에게 신체적, 정신적 폭력을 가하는 것과 다름없습니다. 게다가 신체적인 접촉을 동반하기에 물리적 폭력을 동반하는 경우도 많습니다. 특히 이 문제는 피해자가 타인에게 피해 사실을 알리는 것을 두려워하거나, 언급하는 것만으로도 고통스러워합니다. 따라서 둘만 아는 은밀한 폭력으로 남기 쉬워 더 위험하죠. 이는 분명한 고통이며 강압적인 관계가 지속되는 결혼생활은 성립되기 어렵습니다. 그러니 원치 않는 상태에서 강제로 성관계를 하는 일이 지속되는 경우에도 이혼을 고려해야 합니다.

이혼을 하기로 마음먹었다면 이혼을 어떻게 준비해야 하는지 차분히 살펴보아야 합니다. 부부 관계가 끝났다는 신호는 보통 법적 이혼에서 시작되지 않습니다. 먼저 정서적 이혼이 찾아옵니다. 공통점을 찾을 수 없고 사랑의 온도를 느낄 수 없고, 어떤 노력을 해도 함께할 수 없겠다는 마음의 결심이 먼저 생기죠. 그러고 나면 몸의 분리가 시작됩니다. 같은 공간에 있는 것만으로도 불편하고 숨이 막혀 각방, 별거, 가출 등의 방법을 찾죠. 그 다음에 협의 이혼이나 재판 이혼 등 법적 이혼이 이뤄집니다. 문제는 준비되지 않은, 이른바 홧김에 하는 이혼이 많다는 겁니다. 경제적으로 준비되어 있지 않거나, 감정이 정리되지 않은 채로 진행되는 경우, 이혼 후 무너지는 분이 많습니다. 오랜 세월 서로에게 길들여져 있었기 때문에 준비 없이 끊어 내면 처음에는 속 시원할 것 같아도 어느 순간 위기가 찾아오기도 합니다. 정서적으로 우울해지거나, 경제적인 어려움에 처할 수 있죠. 이혼을 선택한다면 결혼 생활을 유지하는 것보다 이혼을 했을 때 정신적, 신체적 건강이나 상황이 전보다 나아져야 합니다. 그렇지 않다면 이혼이라는 선택이 삶을 더 어렵게 만들 수 있습니다.

이혼을 마음먹었다면 감정을 정리하고, 경제적 독립을 준비하는 것도 중요하지만 그 외의 가족 관계를 정리하는 것 또한 중요합니다. 결혼은 둘이 하지만 이혼은 가족이 합니다. 양가의 관계, 세월 속에 얽힌 인맥과 생활이 모두 연결되어 있기 때문에, 연결망이 찢어지는 과정에서 상처와 혼란이 생깁니다. 특히 자녀가 있다면 더욱 조심스럽게 상황을 설명하고 관계를 정리해야 합니다. "네 아빠 때문이야." 또는 "네 엄마 때문이야."라고 말하는 순간, 자녀는 자신의 존재를 부정하는 등 큰 혼란에 빠질 수 있습니다. 부모님의 유전자를 물려받은 자신이 어떤 사람인지에 대한 불안, 누구와 함께 살아야 하는지, 멀어지는 엄마 혹은 아빠와의 관계는 어떻게 되는 것인지에 대한 유기 불안, 사회적 상처가 함께 따라옵니다. 그러니 이혼 전후로 자녀의 정서를 살피며 상담을 받는 것도 좋습니다.

만약 이혼을 하는 것이 부담스럽다면 배우자와 합의하여 졸혼을 선택하는 것도 좋습니다. 졸혼이란 법적으로는 이혼을 하지 않은 상태지만, 서로 합의를 통해 실질적인 결혼 생활을 종료하는 것으로, 최근 널리 알려지면서 졸혼을 선택하는 중년 부부들이 많아지고 있습니다. 졸혼은 서로의 공로와 헌신을 인정하면서 결혼 생활 동안 누리지 못한 자신만의 삶을 살 수 있도록 시공간을 선물하는 사랑의 형태이기에 지치거나 단조로웠던 결혼 생활에 새로운 바람을 불어넣어 줍니다. 다만 졸혼을 선택할 때도 부부 관계를 이어 갈 수 있도록 장치를 마련해야 합니다. 떨어져 지내는 시간이 익숙해지면 다시 만났을 때 불편해지고, 그 순간 취지는 무너집니다. 그러니 졸혼을 유지하는 기한을 정하고, 그 기간은 3개월을 넘기지 마세요. 졸혼을 유지하는 기간에도 관계를 완전히 끊는 게 아니라 가끔 안부를 묻고, 일주일 혹은 보름에 한 번씩 함께 밥을 먹으며 서로를 기억하고 있다는 것을 분명히 확인해야 합니다.

간혹 졸혼을 통보하는 경우도 있습니다. 함께 결혼 생활을 잘해 왔다고 생각했던 상대방은 날벼락을 맞은 기분일 겁니다. 상대가 졸혼을 감당할 수 있도록 준비를 돕고, 가능하면 상담을 통해 속마음을 확인하며 약속을 정리하는 과정을 가지세요. 만일 별거를 포장한 졸혼이라면 부부 갈등이 깊이 진행된 것이고, 관계를 무조건 회복하는 것뿐 아니라, 각자의 정서적, 신체적 안정을 위한 계약과 조약을 만들어 가는 과정이 필요합니다.

이혼은 언제든 할 수 있습니다. 아픔과 상처를 방치하지 말고, 준비하고 치유하고 회복해서 새롭게 일어서는 과정을 거치세요. 우리는 살려고 이혼하는 것이고, 나아지려고 이혼하는 것이기 때문입니다. 하지만 좋은 이혼이 언제나 가능한 건 아닙니다. 그러니 감정이 앞서는 결정을 하기보다는 정말 불가피한 상황인지, 그리고 한다면 어떻게 준비해야 하는지부터 차분히 살피기 바랍니다.

결혼 생활이 길어지면 흔히들 '배우자가 더 이상 나를 사랑하지 않으면 어쩌지?'라는 고민을 하게 됩니다. 하지만 나이 들수록 쉽게 지치고 무감각해지는 건 흔한 일입니다. 그걸 사랑이 식었다고만 단정할 필요는 없습니다. 사랑은 언제나 같은 형태와 온도를 유지하는 것이 아닙니다. 어느 날에는 뜨거웠지만, 또 어느 날에는 미지근할 수도 있는 겁니다. 때로는 '왜 이 사람과 계속 살아야 하나?'라는 생각을 하는 날도 있을 겁니다. 돌아보면 지난 것은 고통뿐이고 남은 것은 한숨 같다고 느껴질 때가 있죠. 그럴수록 의식적으로 기뻤던 순간을 떠올려야 합니다. 인간의 뇌는 방어적으로 설계되어 있어서 고통을 더 선명하게 저장하고, 다음 고통을 예방하기 위해 그 기억을 반복해서 불러옵니다. 우리에게 고통만 있었던 것이 아님을, 지금까지 함께할 수 있었던 힘이 분명히 있음을 다시금 되새겨 보세요.

사랑의 형태는 누군가에게는 친절함일 수 있고, 누군가에게는 고마움일 수 있습니다. 누군가에는 별일 없이 함께 살아온 시간 자체가 사랑이기도 하죠. 그래서 중년의 부부가 "정으로 산다, 의리로 산다, 전우다."라고 말하는 것도 어쩌면 사랑의 다른 얼굴일 수 있습니다. 배우자와의 시간 속에 기쁘고 행복한 추억이 많았다는 의미이니 부부 관계의 긍정적인 신호 중 하나죠. 생각해 보세요. 얼굴도 마주 보기 싫은 사람과 살 수 있나요? 정 들었다고 말할 수 있나요? 그럴 수 없듯이 애정과 관심, 사랑이 남아 있기에 할 수 있는 말입니다. 만약 예전처럼 서로를 아끼고 사랑했던 감정을 다시금 느끼고 싶다면 정 속에 숨겨 두었던 사랑을 찾아내 보세요. 나를 기쁘게 했던 순간 속 배우자의 얼굴에 새겨진 애정, 함께 행복했던 순간 속 나를 향한 배우자의 배려를 떠올리다 보면 여전히 사랑하고 있음을 알 수 있을 겁니다.

기쁘고 행복했던 순간은 사소할 수 있습니다. 서로를 위해 큰 이벤트를 준비하거나 죽어도 좋을 만큼 행복한 순간뿐만 아니라 친절함, 성실함, 책임감, 맛있는 밥 한 끼, 결정적인 순간에 내 편이 되어 준 태도, 아이들을 함께 키운 시간 같은 사소한 것들이 쌓여 미래를 꿈꾸게 되죠. 최악의 순간에도 부정할 수 없는 배우자만의 장점이 하나쯤은 있을 겁니다. 장점과 추억을 되새기며 함께 행복할 수 있는 미래를 그려 보세요. 그리고 나만 배우자의 단점을 눈감아 주고 견딘 것이 아니라, 배우자 또한 나의 단점을 눈감아 주고 견뎠다는 사실을 기억하세요. '나는 피해자, 상대는 가해자'의 구도로 완전히 넘어가는 순간 빠져나오기 어려워진다는 점을 기억하셔야 합니다. 세월 속에서 기쁨, 즐거움, 슬픔과 분노를 통과해 여기까지 올 수 있었던 것은 서로가 있었기 때문입니다. 이를 되새기며 고맙다는 마음을 전해 보세요. 고마움을 담은 한마디가 남은 세월의 관계를 다시 이어 주기도 합니다.

아름다운 예술 작품을 위해 오랜 시간 동안 공을 들이듯이,
상처받지 않고 서로를 위로하는 관계가 되기 위해서는
짧지 않은 시간 동안 서로를 위해 노력해야 합니다.
서로의 분노 버튼이 무엇인지 확인하고,
버튼을 누르지 않도록 노력하고,
상대방의 노력을 인정하며 고마워하세요.

가족 관계는
한순간에 바뀌지 않는다

가족을 대하는 것은 누구나 쉽지 않습니다. 얼굴을 마주하고 대화를 나누다 보면 속이 터지지만, 화를 내고 뒤돌아서면 아쉽고 미안한 마음이 들죠. 가족을 향한 미안한 마음은 가족 관계를 회복하기 위한 용기가 있다는 증거입니다. 용기를 잃지 말고 가족을 향해 걸어가세요. 뫼비우스의 띠처럼 사랑과 증오가 반복되는 애증의 관계를 한순간에 풀어낼 수는 없을 겁니다. 오랜 시간 쌓인 서로에 대한 오해와 부정적인 감정을 짧은 시간 안에 해소하는 것은 불가능한 일입니다. 하지만 차근차근 노력하다 보면 내가 가족을 이해하고, 가족이 나를 이해하는 날이 올 겁니다.

서로를 존중하고 사랑하는 부부, 존경받는 부모, 자랑스러운 자녀가 되고 싶다면, 가족을 바꾸려 하지 말고 나부터 바꾸세요. 내가 먼저 배우자를 존중하며 사랑하고, 부모에 대한 존경심을 표하고, 자녀에게 자랑스럽다고 말해 주세요. 나의 변화가 가족의 변화를 이끌어 낼 겁니다.

이 책을 여기까지 읽었다는 것은 가족 관계를 회복하기 위해 의지를 불태우고 노력하고 있다는 증거입니다. 그 사랑과 열정을 불태우며 나와 가족을 믿고 한 걸음씩 나아가 보길 바랍니다. 싸우지도 않고 참지도 않는, 나도 상처받지 않고 가족도 상처받지 않는 건강한 가족 관계를 이루시길 진심으로 응원합니다.

얼굴 보면 속 터지고 돌아서면 생각나는 가족 관계 솔루션

이호선의 가족 상담소

초판 1쇄 발행 2026년 2월 10일
초판 2쇄 발행 2026년 3월 20일

지은이 이호선
펴낸이 민혜영
펴낸곳 오아시스
주소 서울특별시 마포구 월드컵로14길 56, 3~5층
전화 02-303-5580 | **팩스** 02-2179-8768
홈페이지 www.cassiopeiabook.com | **전자우편** editor@cassiopeiabook.com
출판등록 2012년 12월 27일 제2014-000277호

ⓒ이호선, 2026
ISBN 979-11-6827-412-9 03190